中小学生安全教育知识读本

高中生

GAOZHONGSHENG
GONG GONG ANQUAN JIAOYU DUBEN

公共安全教育

读本

戴志强　编著

云南大学出版社

图书在版编目(CIP)数据

高中生公共安全教育读本 / 戴志强编著. -- 昆明：
云南大学出版社，2011
（中小学生安全教育知识读本）
ISBN 978-7-5482-0697-2

Ⅰ. ①高… Ⅱ. ①戴… Ⅲ. ①安全教育－高中－课外
读物 Ⅳ. ①G634.203

中国版本图书馆CIP数据核字（2011）第230865号

中小学生安全教育知识读本
高中生公共安全教育读本

编　著：	戴志强	
责任编辑：	刘　焰	
封面设计：	左巧艳	
出版发行：	云南大学出版社	
印　装：	云南华达印务有限公司	
开　本：	787mm×1092mm　1/16	
印　张：	6.25	
字　数：	100千	
版　次：	2012年12月第1版	
印　次：	2012年12月第1次印刷	
书　号：	ISBN 978-7-5482-0697-2	
定　价：	24.00元	

地　址：	云南省昆明市翠湖北路2号云南大学英华园内
邮　编：	650091
电　话：	0871-5031070　5033244
网　址：	http://www.ynup.com
E-mail:	market@yunp.com

前　言

　　中小学生是祖国的未来，通过加强中小学生公共安全教育，培养中小学生的安全意识、知识和技能，提高中小学生面临突发安全事件自救自护的应变能力，来提高我国国民的安全意识和自救、救护能力必将产生深远的积极影响。

　　我国陆续修订了《未成年人保护法》、《义务教育法》，颁布了《中小学幼儿园安全管理办法》，对做好中小学安全教育工作提出了明确的法律要求。另外，在《国务院关于实施国家突发公共事件总体应急预案》、《应急管理科普宣教工作总体实施方案》、《教育系统突发公共事件应急预案》等文件中，均提出了要广泛宣传应急法律法规和预防、避险、自救、互救、减灾等常识，以增强公众应对突发事件的意识、社会责任意识和自救、互救能力。2007年2月25日，教育部制定并颁布了《中小学公共安全教育指导纲要》，对学生的安全教育工作进行了具体规定。

　　近年来，我国中小学生安全事故发生较为频繁。分析事故原因，我们深深感到，如果对学生的安全教育到位，学生具有基本的安全意识和防范能力，许多事故是可以避免的。这反映出我国当前中小学公共安全教育方面还存在一些亟待加强的地方。　因此，为了提高学生的安全意识，增强他们的自我保护能力，我们以《中小学公共安全教育指导纲要》为指导，组织编写了《中小学生安全教育知识读本》系列丛书。

　　本丛书针对不同学生的认知能力，共分为《小学生安全教育知识读本

（低年级）》、《小学生安全教育知识读本（高年级）》、《初中生安全教育知识读本》、《高中生公共安全教育知识读本》。本套丛书紧扣《中小学公共安全教育指导纲要》的要求，帮助学生了解各种安全问题、各类突发问题的解决办法和具体应对原则。书中版块内容丰富，列举了大量的典型案例，文字通俗易懂，可以作为学生、老师、家长的参考读物。

我们希望中小学生通过阅读本套丛书，可以提高安全防范、处置突发公共安全事件的能力，巩固和健全我国突发公共事件应急管理系统，减少灾害发生，降低灾害损失，维护社会安定团结。

编　者
2011 年 12 月

目 录

第 一 章
预防和应对社会安全类事故或事件

《中小学公共安全教育指导纲要》要求本章的重点教育内容是：

（1）自觉遵守与生活紧密相关的各种行为规范。

（2）了解考试泄密、违规的相关法律常识。养成维护考试纪律和规范的良好行为习惯。

（3）自觉抵制影响和危害社会公共安全的活动，提高社会责任感和国家意识。

（4）基本理解国际政治、经济、宗教冲突现象，努力维护国家和社会的稳定与团结。

（5）继承和发扬中华民族传统优秀文化，汲取其他国家文化的精华，抵制不良文化习俗的影响。

第一节 遵守交通规则 维护交通安全

学生每天上下学、出行，必然要和交通打交道。据统计，全国每年有两万多名中小学生因交通事故伤残、死亡。交通事故已成为未成年学生的头号"杀手"。而引发交通事故的原因可能来自外界，也可能来自学生自身。因此，了解交通安全常识，提高交通安全意识，对于保障学生的生命安全是极其重要的。

「典型案例」

某校高一男生小刘虽然家在农村，但家里生活条件还不错，小刘的父亲为了方便进城买了一辆摩托车。没多久小刘就学会了驾驶摩托车。一日，他偷偷地驾驶摩托车外出，并在后座载了两名同班同学。开到某个岔路口时，摩托车由于速度过快而失控侧翻，三人均不同程度受伤。

「安全讲堂」

一、保证交通安全的前提是遵守交通规则

我们生活的世界，是建立在秩序的基础上。如果没有秩序，世界将一片混乱。同样的道理，交通规则也是秩序的产物。遵守交通规则，可以预防和减少交通事故，保护人身安全，提高通行效率。一般来说，学生需要了解的交通规则包括以下几个方面：

一是熟知交通标识的含义并严格遵守。道路上的交通标线是行人、车辆的行走规则。步行要走人行横道，骑自行车要在非机动车道上。学生需要特别遵守交通信号灯的规则：绿灯亮时，行人、车辆可以通行，转弯车

辆不得妨碍直行车辆和行人通行；黄灯亮时，行人、车辆不得通行，已经越过停止线的车辆和行人可以继续通行；红灯亮时，行人、车辆均不得通行。

二是骑自行车应当遵守的规则。很多高中学生都是骑自行车上下学，由于自行车是一种较为灵活但稳定性较差的交通工具。因此，学生骑自行车时一定要遵守交通规则，做到以下几点：

（1）不得双手脱把骑自行车。

（2）骑自行车不得一手持物或一手撑伞。

（3）骑自行车不得攀扶其他车辆。

（4）市区道路上不得骑车带人。

（5）恶劣天气如大风、雨雪时不要骑车。

（6）自行车车闸失灵时要下车推行。

（7）骑自行车不得相互追逐。

（8）骑自行车不得扶肩并行。

（9）应当在非机动车道上骑车，骑自行车不准进入高速公路。

（10）超越前车时，不准妨碍被超车辆的行驶。

三是乘车时应当遵守的规则。乘坐公共汽车、地铁等公共交通工具也是大家出行的主要方式之一。乘坐公共交通工具时，要排队候车，按顺序上车，不得拥挤。乘车时不要把头、手等伸出车窗外，也不要向车外扔杂物，不要将易燃易爆等危险物品带入车内。不要乘坐无证车辆或者超载车辆。如果打算乘坐出租车，不得在机动车道上招呼出租车，乘坐副驾驶位置时要系好安全带。

二、导致学生成为交通事故受害者的主要原因

高中学生正处于生理、心理发育的重要时期，此阶段活泼好动，有较强的冒险精神。但同时对事物认知能力不足，判断能力较差，缺乏生活经验。因此，很多高中学生虽然懂得交通规则，但缺乏交通安全意识，这成为引发交通事故的主要原因。

一是学生轻视交通规则，缺乏足够的交通安全意识。不少学生尤其是男生认为自己骑车技术好，与车辆抢行；或者在道路上互相追逐，甚至逆向行驶；还有一些学生怕上学迟到，把交通规则全都抛到了脑后，骑车横穿机动车道的现象也不少见。这些，都为交通安全埋下了隐患。一旦危险

来临，由于学生对危险的感受性差，注意力容易分散，无法作出正确判断，就很容易发生交通事故，造成伤害。

二是学生无证驾驶也是造成交通事故的原因。随着经济的发展，摩托车、小汽车走进了寻常百姓的家中，很多中学生学会了驾驶机动车。尽管我国法律明确规定未满十八周岁不具有取得驾驶证的资格，不得无证驾驶。但是部分学生缺乏交通安全意识和法律意识，依然私自开车上路。由于他们对事物的处理能力和控制能力尚未达到成年人的水平，因此容易发生危险。

「 预防与应对 」

一旦发生交通事故，学生要懂得如何自救以及救助他人，尽全力挽救自己和他人的生命。

一、发生交通事故时的应对措施

一般来说，车祸发生所造成的严重伤害多是由于人们自我保护意识薄弱造成的。因此，加强自我保护，很好地采取应对车祸的措施可以尽量将伤害程度降至最低。

学生在乘车时，一定要系好安全带。如果意识到车祸即将发生，要尽量使身体固定，用手抓紧前排座椅，全身绷紧使肌肉保持紧张状态，可以有效地预防和减少伤害的发生。如果翻车或者坠车，要设法降低重心，紧紧抓住车内的固定物，随车翻转。车祸发生后，如果意识依然清醒，要想办法利用通信工具向外界求助或者按喇叭呼救，如果伤势不重，要设法关闭车辆的发动机。

二、发生交通事故后对伤者的救助

交通事故发生后，第一时间内看到现场的往往并不是医生或者警察，而是事故目击者。学生也可能成为目击者，因此懂得如何救助伤员是很有必要的。

车祸发生后如有受伤者，首先要检查受伤人员头部是否有外伤，如果只是头部外伤，可以先行包扎。如果伤者只感觉到头痛头晕，说明是轻伤。但如果伤者出现瞳孔放大、偏瘫、呕吐、头痛剧烈、神志不清等症状，则说明受伤严重，要立即送往医院救治。

在救护车赶到之前，最好让伤者侧卧，头向后仰，保持呼吸通畅。如果呼吸停止，要立即进行人工呼吸。如果发现伤员鼻孔、耳朵流血或者流淡红色液体，说明是脑脊液外流，一定让伤者平卧，受伤的一侧向下，不可堵塞耳鼻，以免引起颅内感染。如果喉、鼻大量出血，要保持头侧位以防窒息。

搬动伤员的方法要正确，不要生拉硬拽，动作要轻柔，以保护脊柱和受伤的肢体。如果无法确定伤员是否骨折，不要急于搬动伤者，以免造成更大的伤害。

「相关链接」

交通事故一旦发生，第一时间抢救生命是最重要的。如果学生目击到交通事故发生，应采取下列措施：

首先要及时报案。可以拨打122交通事故报警电话，也可以拨打110报警电话，公安机关会派民警到达现场。如果有人员伤亡，要迅速拨打120急救电话，使伤者及时得到救治。

其次要保护好现场，要保持现场的原始状态，不得破坏或者伪造现场。在急救车到来之前，可以在原地运用自己学到的急救知识抢救伤员，这样会增加伤员生存的机会。

最后要协助交警的调查取证。在交警部门对交通事故进行处理时，要如实陈述自己所见的事发经过，不要夸大其词，也不要偏袒隐瞒。

第二节　抵制考试作弊　推崇诚信考试

近年来，有关考试作弊的新闻屡见报端，并且作弊手段越来越先进，参与作弊的人员除了学生，还涉及老师、教育主管部门工作人员等，社会上的很多人对考试作弊也表现出某种程度的"宽容"。考试作弊极大地践踏了我国考试制度的尊严，也玷污了考试诚信与公平的理念，甚至造成了整个社会范围内的"道德危机"。因此，广大学生应从自身做起，抵制考试作弊行为，参与和促进诚信考试制度的建立。

「典型案例」

据相关报道，吉林省松原市高考作弊的现象屡禁不绝，作弊手段之猖狂让人瞠目结舌。有学校老师直接卖给学生作弊器材赚取外快的，有干部子弟被直接保送的，甚至出现了考场上考生考卷被直接抢走抄袭的事件。截止到2009年6月7日，全市共发现作弊29人次，其中替考6名，其余都是利用通信器材作弊。后协助作弊的有关人员被严肃查处，作弊学生被取消成绩或者考试资格。

「安全讲堂」

一、考试作弊的原因

首先，现代社会的发展提供了自由竞争的平台，同时也增加了竞争的压力。很多人为了在各种各样的竞争中胜出，不惜采用各种非法手段。在考试领域则体现为很多学生通过作弊来获取理想中的成绩。即便明知会受到严厉的惩罚，但在利益的驱使下仍然要冒险作弊，毫无诚信可言。

其次，受弄虚作假等社会不良风气的熏染，学生的道德观、人生观受到影响并产生一定的扭曲。很多学生认为考试作弊已经成为一种"普遍的"、"正常的"社会现象。"大家都在作弊，自己不作弊，吃亏的就是自己。"

再次，在以升学率为中心的教育制度下，学校为了提高学校的升学率，地方为了提高地方的升学率，往往对考试作弊的现象睁一只眼闭一只眼。考试作弊得不到严肃处理，这在一定程度上放纵了作弊的行为，使得作弊之风愈演愈烈。甚至出现教育主管部门、学校和学生共同作弊的现象，极大地了损害了教育的尊严和公正。

最后，我国现有的考试模式依然是考教学大纲中规定的知识，具有确定性，相应的答案是标准化的，这为考试作弊提供了可能性。很多学生抱着投机心理，期望在考试时通过抄袭答案获得与通过自身努力的考生一样甚至更高的成绩。

二、考试作弊破坏了诚信、公平的考试理念

考试是检验学生学习能力和学习效果的工具。虽然考试制度本身并非十全十美，但它早已为实践证明是一种比较有效的选拔人才的方式。通过考试，可以区分优劣，选拔出符合要求的人才。考试的核心理念是公平和诚信。通过公平竞争的方式，可以检验出学生的学习成果，努力程度。而考试作弊则破坏了公平和诚信，降低了考试的公信力，影响了公平竞争，亵渎了知识殿堂的神圣，制约了国民素质的提高。

「预防与应对」

考试违规、作弊实质上是违法行为，根据我国《国家教育考试违规处理办法》的相关规定，会受到相应的处罚。

一、考试违纪行为的主要表现

《国家教育考试违规处理办法》第5条规定，考生不遵守考场纪律，不服从考试工作人员的安排与要求，有下列行为之一的，应当认定为考试违纪：

（1）携带规定以外的物品进入考场或者未放在指定位置的；

（2）未在规定的座位参加考试的；

（3）考试开始信号发出前答题或者考试结束信号发出后继续答题的；

（4）在考试过程中旁窥、交头接耳、互打暗号或者手势的；

（5）在考场或者教育考试机构禁止的范围内，喧哗、吸烟或者实施其他影响考场秩序的行为的；

（6）未经考试工作人员同意在考

试过程中擅自离开考场的；

（7）将试卷、答卷（含答题卡、答题纸等，下同）、草稿纸等考试用纸带出考场的；

（8）用规定以外的笔或者纸答题或者在试卷规定以外的地方书写姓名、考号或者以其他方式在答卷上标记信息的；

（9）其他违反考场规则但尚未构成作弊的行为。

二、考试作弊行为的主要表现

《国家教育考试违规处理办法》第6条和第7条规定，考生违背考试公平、公正原则，以不正当手段获得或者试图获得试题答案、考试成绩，有下列行为之一的，应当认定为考试作弊：

（1）携带与考试内容相关的文字材料或者存储有与考试内容相关资料的电子设备参加考试的；

（2）抄袭或者协助他人抄袭试题答案或者与考试内容相关的资料的；

（3）抢夺、窃取他人试卷、答卷或者强迫他人为自己抄袭提供方便的；

（4）在考试过程中使用通信设备的；

（5）由他人冒名代替参加考试的；

（6）故意销毁试卷、答卷或者考试材料的；

（7）在答卷上填写与本人身份不符的姓名、考号等信息的；

（8）传、接物品或者交换试卷、答卷、草稿纸的；

（9）其他作弊行为。

教育考试机构、考试工作人员在考试过程中或者在考试结束后发现下列行为之一的，应当认定相关的考生实施了考试作弊行为：

（1）通过伪造证件、证明、档案及其他材料获得考试资格和考试成绩的；

（2）评卷过程中被发现同一科目同一考场有两份以上（含两份）答卷答案雷同的；

（3）考场纪律混乱、考试

秩序失控，出现大面积考试作弊现象的；

（4）考试工作人员协助实施作弊行为，事后查实的；

（5）其他应认定为作弊的行为。

《国家教育考试违规处理办法》第9条、第11条、第12条规定，考生有第5条所列考试违纪行为之一的，取消该科目的考试成绩。考生有第6条、第7条所列考试作弊行为之一的，其当次报名参加考试的各科成绩无效；参加高等教育自学考试考生，视情节轻重，可同时给予停考1～3年，或者延迟毕业时间1～3年的处理，停考期间考试成绩无效。考生以作弊行为获得的考试成绩并由此取得相应的学位证书、学历证书及其他学业证书、资格资质证书或者入学资格的，由证书颁发机关宣布证书无效，责令收回证书或者予以没收；已经被录取或者入学的，由录取学校取消录取资格或者其学籍。代替他人或由他人代替参加国家教育考试，是在校生的，由所在学校按有关规定严肃处理，直至开除学籍；其他人员，由教育考试机构建议其所在单位给予行政处分，直至开除或解聘，教育考试机构按照作弊行为记录并向有关单位公开其个人基本信息。

「相关链接」

考试作弊是诚信缺失的表现，破坏了考试的公正公平，加剧了社会道德危机。对考生而言，考试作弊既间接伤害作弊者本人，使他们产生不劳而获和投机取巧的思想；又直接伤害了勤学苦读的同学，12年的寒窗苦读取得的成绩不如高考期间作弊学生的成绩，对社会产生不信任，严重影响了中国诚信道德建设。因此，为了自己，也为了社会，学生应当从自身出发，诚信做人，坚决杜绝考试作弊的现象。

第三节　抵制危害社会公共安全的行为

社会安全对于每个人而言都十分重要，它是人们安定生活、学习和工作的最基本前提。一旦社会安全遭到破坏，势必会影响到社会的稳定，扰乱人们的生活秩序。因此，高中生要懂得维护社会公共安全，坚决抵制危害社会公共安全的行为。

「典型案例」

小林是高一年级的学生，前段时间看完某部电影后，特别羡慕电影中的英雄人物，于是买了一把匕首每天随身携带。后来，小林和同学发生口角，情急之下抽出匕首致对方重伤。后小林被公安机关逮捕，经人民法院审判，小林构成故意伤害罪，被依法追究刑事责任。

「安全讲堂」

一、影响和危害公共安全的行为

根据我国《治安管理处罚法》的规定，妨害社会公共安全的行为主要有以下几种：

一是违反国家规定，制造、买卖、储存、运输、邮寄、携带、使用、提供、处置爆炸性、毒害性、放射性、腐蚀性物质或者传染病病原体等危险物质的。

二是爆炸性、毒害性、放射性、腐蚀性物质或者传染病病原体等危险物质被盗、被抢或者丢失，未按规定报告的。

三是非法携带枪支、弹药或者弩、匕首等国家规定的管制器具的或者非法携带枪支、弹药或者弩、匕首等国家规定的管制器具进入公共场所或者公共交通工具的。

四是盗窃、损毁油气管道设施、电力电信设施、广播电视设施、水利防汛工程设施、水文监测、测量、气象测报、环境监测、地质监测、地震监测等公共设施或者移动、损毁国家边境的界碑、界桩以及其他边境标志、边境设施或者领土、领海标志设施的以及非法进行影响国（边）界线走向的活动或者修建有碍国（边）境管理的设施的。

五是盗窃、损坏、擅自移动使用中的航空设施，或者强行进入航空器驾驶舱的以及在使用中的航空器上使用可能影响导航系统正常功能的器具、工具，不听劝阻的。

六是盗窃、损毁或者擅自移动铁路设施、设备、机车车辆配件或者安全标志的；在铁路线路上放置障碍物，或者故意向列车投掷物品的；在铁路线路、桥梁、涵洞处挖掘坑穴、采石取沙的；在铁路线路上私设道口或者平交过道的。

七是擅自进入铁路防护网或者火车来临时在铁路线路上行走坐卧、抢越铁路，影响行车安全的。

八是未经批准，安装、使用电网的，或者安装、使用电网不符合安全规定的；在车辆、行人通行的地方施工，对沟井坎穴不设覆盖物、防围和警示标志的，或者故意损毁、移动覆盖物、防围和警示标志的；盗窃、损毁路面井盖、照明等公共设施的。

九是举办文化、体育等大型群众性活动，违反有关规定，有发生安全事故危险的。

十是旅馆、饭店、影剧院、娱乐场、运动场、展览馆或者其他供社会公众活动的场所的经营管理人员，违反安全规定，致使该场所有发生安全事故危险，经公安机关责令改正，拒不改正的。

二、对危害公共安全行为的处罚

根据我国法律的规定，危害社会公共安全的行为会受到治安管理处罚，可能会被处以行政拘留或者罚款。学生如果实施上述行为，构成违反治安管理行为的，同样也会受到处罚。但是，由于学生是未成年人，出于对未成年人的保护，本着以教育为主、惩戒为辅的方针，法律规定已满14周岁不满18周岁的人违反治安管理的，从轻或者减轻处罚；不满14周岁的人违反治安管理的，不予处罚，但是应当责令其监护人严加管教。此外，已满14周岁不满16周岁的未成年人或者已满16周岁不满18周岁，初次违反治安管理的，依照《治安管理处罚法》应当给予行政处罚的，不执行行政拘留处罚。

「预防与应对」

高中学生已经具备了相当的认知能力和是非辨别能力，因此，在面对形形色色的社会现象时，应当有自己的看法和见解。然而，由于部分学生缺乏起码的安全意识和法律意识，对一些错误甚至违法的行为认识不清。因此，高中学生应当提高社会责任感，自觉抵制危害社会安全的行为。

高中生应当抵制哪些危害社会安全的行为？
根据我国《预防未成年人犯罪法》的规定，高中学生应当抵制以下行为：

一是旷课、夜不归宿；
二是携带管制刀具，打架斗殴、辱骂他人；
三是强行向他人索要财物；
四是偷窃、故意毁坏财物；
五是参与赌博或者变相赌博；

六是观看、收听色情、淫秽的音像制品、读物等；

七是进入法律、法规规定未成年人不适宜进入的营业性歌舞厅等场所等。

「相关链接」

学生携带管制刀具可能会受到哪些处罚？

学生不得携带管制刀具，这是我国法律明确规定的。根据我国《治安管理处罚法》的规定："非法携带枪支、弹药或者弩、匕首等国家规定的管制器具的，处五日以下拘留，可以并处五百元以下罚款；情节较轻的，处警告或者两百元以下罚款。非法携带枪支、弹药或者弩、匕首等国家规定的管制器具进入公共场所或者公共交通工具的，处五日以上十日以下拘留，可以并处五百元以下罚款。"

第四节 认清形势 维护国家稳定团结

国际金融危机后，整个世界面临着新的转折点，世界加速进入经济大动荡、格局大调整、体系大变革、模式大发展的新阶段。各国都在养精蓄锐、调整结构，以应对国际形势的变化。就我国的国际形势而言，机遇和挑战并存，积极因素和消极因素皆有；就我国的国内形势而言，依然存在着个别内部矛盾，影响着国家的稳定和团结。而国家的稳定和团结关系着个人的发展和前途。因此，高中学生一定要树立社会责任感，增强爱国心，肩负起祖国发展和振兴的重任，为维护祖国的稳定和团结贡献自己的一份力量。

「典型案例」

小王是一名高二年级的学生，前段时间班上转来了一名来自新疆的维吾尔族同学。老师将这名同学安排成为小王的同桌。由于该同学的汉语不是很好，小王老是模仿他说话，并且还哈哈大笑，同学们都看不惯小王的做法。后来经过老师的批评教育，小王认识到了自己的错误，不仅向同桌道歉，还主动帮助他学习汉语，后来两人成为很好的朋友。本学期小王还被学校评为"民族团结先进个人"。

「安全讲堂」

"知己知彼，百战不殆。"要维护国家的稳定和团结，促进国家的发展和繁荣，首先就应当了解现今我国面临的国际形势和国内形势。

一、现今我国面临的国际形势

国际金融危机后，我国面临的国际形势出现了新特点：

一是世界多极化进程明显加快，国际局势保持总体和平稳定、局部动荡紧张的状态。中国迅速发展、俄罗斯国力恢复、欧盟自我意识觉醒、印度崛起以及非盟、阿盟等地区性国际政治组织的作用日益显现，世界呈现明显的多极化趋势。但是局部依然存在动荡和不安，如中东的伊朗核危机、朝鲜半岛紧张局势等造成当前局部冲突的局面。

二是世界经济呈现复苏趋势，但风险依然存在。依靠大规模的经济刺激措施，世界经济复苏进程明显。科技进步依然是推动世界经济增长的主要因素，新能源和节能环保等绿色产业成为新的经济增长点。但同时，世界经济的不稳定因素依然存在，经济全球化进一步加剧国家之间的贫富差距。总体上看，世界经济全面恢复增长将是一个缓慢、曲折的过程。

三是国际安全形势受到非传统安全因素的影响。

（1）科技安全。科技已成为国际竞争的决定性力量，科技实力成为国际安全竞争的关键环节。

（2）粮食安全。由于各种自然灾害，粮食生产大国的粮食产量减少，全球粮食总产量减少，引发了世界范围内的粮食危机。

（3）自然灾害频发。海地、智利大地震、冰岛火山喷发，世界大范围气候异常进一步给人类的生产和生活环境带来冲击和威胁。在哥本哈根气候谈判中，各国斗争激烈，发达国家和发展中国家以及发达国家之间都存在矛盾。

（4）资源安全。中东石油危机、国际铁矿石谈判、墨西哥湾油井漏油事件说明由于世界范围内资源的缺乏，各国对资源的争夺十分激烈。无论是发达国家还是发展中国家，都在寻找更多的资源，尤其是发达国家试图取得油气资源的控制权，这也是国家安全形势受到威胁的一大因素。

二、国际形势对我国政治、经济的影响

国际形势对我国的政治与经济都产生着极其重要的影响，结合我国国情，可以看出主要对我国产生了以下重要影响：

一是我国在国际政治多极化格局中的地位上升，但同时面临着压力。随着经济的快速发展，我国国际地位不断提高，在国际社会中的影响力日益增大，拥有越来越多的对国际规则的话语权。然而，我国综合国力的增强、经

济的快速发展，使得我国成为美国、日本、欧盟的假想竞争对手，在政治、经济、外交、军事等多个领域对中国施加着越来越大的压力。因此，我国在多极化政治格局中地位日益上升的同时也面临着很大的压力。

二是我国经济发展机遇和挑战并存。现阶段我国经济发展面临的机遇主要有：①经济全球化进一步发展有利于我国加速发展，有利于我国扩大国际市场，稳定并增加出口，同时也有利于我国继续引入国外先进技术、人才和管理经验等。②绿色产业在全球范围内兴起为我国培育新的经济增长点提供了重要机遇，绿色产业的兴起不仅有利于我国环境保护，推进产业升级，而且为我国经济发展提供了新契机，有助于缩小我国和发达国家的差距。③美元地位的削弱，人民币升值为人民币成长为国际货币提供了空间。

现阶段我国经济发展面临的挑战主要有：

一是受世界经济的影响，我国出口增长仍然受到外需的制约。

二是国际能源争夺的加剧影响我国能源供应安全。

三是各种形式的保护主义不利于我国对外经济的发展。

三、现今我国面临的民族形势

构建和谐社会离不开民族的共同进步与团结。目前我国民族形势呈现三个特点：

一是共同发展与民族之间发展拉大的趋势并存。一方面是共同发展，但同时民族之间发展差距也在拉大，这两方面是并存的。

二是中华民族的凝聚力增强与民族的民族意识增强并存。

三是民族之间的联系、交往增多和摩擦矛盾增多并存。一方面是联系、交往增多，另一方面是摩擦和矛盾也在增多。基于民族差别、民族矛盾所产生的民族关系、民族发展问题。

「预防与应对」

国家的统一强大和个人的前途命运紧密联系在一起，因此，增强社会责任感，维护祖国统一和民族团结，是每个中学生肩负的责任。

一、维护祖国统一

世界上只有一个中国，台湾是我国领土的一部分，神圣不可侵犯。近年来，两岸关系发展良好，2009年大陆居民赴台旅游人数累计达60.61万人次，全年共为台湾旅游业创造了近13亿美元的直接收益，大陆积极组团赴台采购，金额也达到了140亿美元。可见，祖国统一是大势所趋。每个中学生都应当坚持一个国家的原则，拥护我国政府对台湾的政策、方针，反对任何形式的"台独"分裂活动。

二、维护民族团结

我国是多民族国家，由于民族风俗、生活习惯以及宗教信仰等方面的差异，我国在处理民族关系时坚持民族平等、民族团结和各民族共同繁荣的基本原则。

高中生要重视民族团结，在日常生活中，要了解和尊重少数民族的风俗习惯，团结少数民族同学，为民族的繁荣而努力。

「相关链接」

维护国家统一和各民族团结，是我国公民的一项基本义务。《中华人民共和国宪法》第52条规定，中华人民共和国公民有维护国家统一和全国各民族团结的义务。如果破坏国家的统一，侵犯国家主权的行为是性质严重的。根据《中华人民共和国刑法》第103条规定，组织、策划、实施分裂国家、破坏国家统一的，对首要分子或者罪行重大的，处无期徒刑或者10年以上有期徒刑；对积极参加的，处3年以上10年以下有期徒刑；对其他参加的，处3年以下有期徒刑、拘役、管制或者剥夺政治权利。煽动分裂国家、破坏国家统一的，处5年以下有期徒刑、拘役、管制或者剥夺政治权利；首要分子或者罪行重大的，处5年以上有期徒刑。

第五节　弘扬民族文化　抵制国外不良文化

　　我国是多民族国家，在五千多年的中华文明发展史中，发展形成了博大精深的民族文化。民族文化是我们的骄傲，高中生应当弘扬我们的民族文化和民族精神。然而，在改革开放的当今社会，我们在接受外来文化的同时，也遭受到了国外不良文化的侵袭，因此高中生要学会辨别是非，自觉抵制国外的不良文化习俗。

「典型案例」

　　2007 年，我国对日本动漫《死亡笔记》进行了查禁，禁止在我国境内播放，并不得传播《死亡笔记》漫画等其他各种形式。原因是因为这部动画宣扬恐怖、暴力。在《死亡笔记》尚未禁播之前，很多中学生对《死亡笔记》十分迷恋，甚至购买市场上的"死亡笔记本"将别人的名字写上去，以此作为宣泄的方式。可见，《死亡笔记》对学生的不良影响巨大。据一些青少年问题研究专家指出，《死亡笔记》严重侵蚀了青少年的是非观、生命观和审美观，因此查缴行为十分必要。

「安全讲堂」

　　一、民族文化的主要内涵

　　民族文化是我国各民族人民创造和发展的具有民族特色的文化，它包括物质文化和精神文化两大方面。物质文化主要表现在饮食、衣着、住宅等方面；精神文化则表现为语言、文字、宗教、科学、艺术等多个方面。总的来说，民族文化是民族历史上各种思想文化、观念形态的总体表征。

　　二、应当弘扬民族文化的原因

　　民族文化是中华民族的灵魂。民族文化可以支撑民族复兴，只有依靠民族文化，发展属于自己的强大的民族产业和繁荣的民族文化，才能为民族复兴提供强大的精神和物质的双重力量支持。

民族文化可以代表一个人的民族身份。在全球化的今天，世界各国的生活方式和生产方式越来越相像，民族特色越来越弱化。在这种情况下，更应当保持文化的多样性和民族的个性，"保护文化遗产，就是保护一个民族文化的 DNA"。民族文化是民族和国家发展的文化底蕴。

民族文化可以推动民族产业的发展，振兴民族文化可以为民族产业提供精神支持。如果一个民族对自己的民族文化缺失信心，那么就不可能将自己的民族产业做大做好。

三、学会正确处理民族文化和外来文化的关系

在全球化的背景下，越来越多的外来文化渗透到我国。很多人尤其是青少年非常崇尚外国的物质和精神文化。就拿高中生的日常生活而言，喜欢肯德基、麦当劳等"洋快餐"；过万圣节、感恩节、圣诞节等"洋节日"；收看韩国、泰国、日本的电视剧等；使用各种日本的电子产品等。这些情形无一例外地说明国外文化在我国得到了广泛地认同和追捧。

但是，部分高中生在这样的生活环境下，越来越漠视我国的文化传统，一味崇洋媚外，认为外国的一切都比中国的好。这种想法是偏激和错误的。外国文明自然有其先进的一面，但是也不排除一些落后和与我国国情不相兼容的不良文化习俗。在外来文化面前，高中生要学会"取其精华，去其糟粕"，学习和吸收先进的文化，自觉抵制那些不良文化。

「预防与应对」

中学生正处于世界观和人生观的形成时期，对于文化的选择和吸收不具有足够的辨别能力。因此，中学生有必要加强自身思想修养，增强辩证看待事物的能力。

一、外来不良文化习俗的危害

不良文化主要是指"与建立在社会主义物质文明、政治文明、精神文

明基础上的，符合社会发展的主导文化相背离的文化"。外来不良文化习俗的代表有拜金主义、享乐主义和个人主义。

在中学生心理发育尚未成熟，世界观、人生观、价值观还在形成的时候，一些学生就已经深受这些思想的毒害。部分学生一切都向钱看，花父母的血汗钱认为是理所当然，凡事都只考虑自己的感受而不顾及他人的感受……这些都是不良文化毒害学生思想和心灵的表现。此外，国外不良文化习俗还表现在暴力、色情、恐怖等多个方面。

外来不良文化习俗严重影响着中学生身心的健康发育，侵蚀并歪曲着中学生的思想观和道德观，危害后果极其严重。

（1）外来不良文化会使得学生产生严重的消极心态。外来文化在我国的普及带来的是多元化思想的冲击，这容易导致学生价值观、道德观出现不确定的倾向，严重者会在不良文化的影响下而产生消极的心理。

（2）外来不良文化会严重歪曲学生的价值观。拜金主义、享乐主义、个人主义本身就是错误的价值观念，一旦在学生思想深处扎根，就会严重扭曲学生的价值观。

（3）外来不良文化会对学生的行为产生误导作用。受不良文化影响而实施的青少年违法犯罪在现实生活中屡见不鲜。可见，不良文化对学生影响巨大，会使得学生在个人行为上出现偏差而步入歧途，实施违法犯罪行为，破坏社会稳定。

（4）外来不良文化会使得中学生的身心受到巨大的摧残。国外的不良文化都可以通过网络这种应用最广的信息传播媒介来传播。学生辨别能力不强，接触这些不良文化后，很容易沉迷其中，最典型的例子是色情和暴力，而间接带来的另一个社会问题就是学生沉迷网络。可见，不良文化对中学生的危害十分巨大。

二、高中生抵制外来不良文化习俗侵袭的对策

为了弘扬我们的民族文化，避免遭受国外不良文化习俗的侵害，高中生要坚决抵制外来不良文化。为此，高中生应当做到以下几点：

（1）要增强爱国心，加强思想道德修养。

我国的传统文化体现着我们中华民族的伟大精神，作为新时代的中学生，应当为自己的民族文化而骄傲，要为自己是一个中国人而感到自豪，要增强爱国心，加强思想道德修养，这样才能从思想的根本上构筑"防火墙"。

（2）主动拒绝西方不良文化的侵袭。

在我们的生活中，"洋"文化的普及是全球不同文明和文化交融的结果，这是全球化背景下必然产生的趋势。对于优秀的外来文化，我们要借鉴学习并为我所用，促进我们国家的发展。但对于外来文化的糟粕，则要坚决抵制，尤其是要远离拜金主义、享乐主义和个人主义，保持我们艰苦朴素、勤奋向上的优秀民族文化传统。

（3）要多学习和了解我国的传统文化。

传统文化是我国的民族文化精髓所在，学习传统文化不仅有助于传统文化的继承和发展，而且可以传承民族精神，使学生保持不骄不躁、谦虚谨慎、不卑不亢、艰苦奋斗的民族本色，有助于国家的发展和强大。

「相关链接」

在世界文明融合的同时，也出现了利用文化进行侵略、扩张的现象。文化侵略是相对于武力侵略而言，它是利用本国文化逐步改变他国民族文化传统，逐渐同化他国人民思想的一种行为。它主要是通过改变青少年乃至儿童的价值观和思想观，淡化他们的民族认同感，让他们对其他民族的文化产生强烈的依赖感，最终使得他们主动抛弃自己的民族。因此，我们青少年要警惕文化侵略，培养热爱民族文化的精神，弘扬民族文化，让中华民族屹立于世界。

第 二 章

预防和应对公共卫生安全事故

本章的重点内容如下：

（1）基本掌握和简单运用突发公共卫生事件卫生应急的相关技能，进行自救、自护。有报告事件的意识和了解报告的途径和方法。

（2）掌握亚健康的基本知识和预防措施，了解应对心理危机的方法和救助渠道，促进个体身心健康发展。

（3）掌握预防艾滋病的基本知识和措施，正确对待艾滋病病毒感染者和艾滋病患者。

（4）自觉抵制不良生活习惯和行为，具备洁身自好的意识和良好的卫生公德。

（5）了解有关禁毒的法律常识，拒绝毒品的诱惑。

（6）学习健康的异性交往方式，学会用恰当的方法保护自己，预防性侵害。当遭到性骚扰时，要用法律武器保护自己。

第一节　严防病从口入　避免危及生命

俗话说："民以食为天。"食物是人体能量的最重要来源。营养健康的食物，可以补充人体所需的各种营养元素，使人体能够适应外界的环境，从而进行学习、工作等各种行为。对于高中生而言，最大的压力莫过于升学压力，繁重的学业使得学生必须保证摄入足够的营养物质和能量，才可能有更加旺盛和充沛的精力投入紧张的学习当中。然而，现实生活中，经营者出于营利和降低成本的需要，不顾食用者的生命安全而销售食品，导致发生食物中毒事件，尤其是在学校等人群集中的地方。因此，高中学生必须学会自我保护，关心食品安全，从而保证自己的身体健康。

「典型案例」

2010年6月18日中午，某中学学生上完课后到食堂吃饭。两小时后陆续有学生出现不同程度头痛、头晕、恶心、呼吸困难等症状。学校初步判断为食物中毒，于是迅速将发病学生送往当地医院进行抢救，共有28人住院治疗，无死亡病例。后经过调查，中毒学生中午均食用了炒土豆片。由于食堂使用的是发芽的土豆，且加工时未去皮，从而导致学生食物中毒。

「安全讲堂」

一、食物中毒的内涵与分类

食物中毒是指食用了被有毒有害物质污染的食品，或者食用了含有毒有害物质的食品后出现的急性、亚急性疾病。食物中毒的特点是潜伏期短，且具有暴发性，多数表现为肠胃炎的症状。而在学校这种群居性强的场所，食物中毒更是会呈现群体暴发的特点。

根据中毒的原因不同，食物中毒可以分为以下几种：

一是细菌性食物中毒。它是指食物被细菌污染后被人食用而引发的中毒现象。根据科学统计，细菌性食物中毒占食物中毒总数的50%左右。

二是真菌毒素中毒。真菌在谷物等食品中生长繁殖，产生有毒的物质，人在食用这种毒性物质后发生的中毒被称为真菌性食物中毒。

三是动物性食物中毒。它是指将天然有毒成分的动物当做食品，误食引起中毒或者在一定条件下可食的动物性食品产生毒素，人食用后中毒。在我国，最主要的动物性食物中毒是食用未经过特殊加工的河豚。

四是植物性食物中毒。这在我们日常生活中是最为常见的，如发芽马铃薯、未烧熟的扁豆、毒蘑菇等造成的中毒。

五是化学性食物中毒。这通常是指被化学物质污染过的食品，以及因添加有毒有害的食品添加剂所导致的食物中毒。现实生活中，不少不法商贩在食品加工中肆意添加各种有毒有害物质以及国家不允许的食品添加剂，以图使食物口感更鲜美，色泽更诱人，同时降低生产成本，赚取更多的利润。这种行为严重危害了人们的身心健康，扰乱了社会秩序，因而受到我国法律的严厉制裁。

二、预防食物中毒的措施

既然病从口入，那么首先就要把好食物入口关。高中生学习时，为节省时间，不少学生寄宿在学校，吃饭有较大的随意性。因此，为了防止食物中毒，高中生一定要培养良好的个人卫生习惯，合理安排饮食，不吃变质、霉烂和被污染的食物。购买食品时，一定要注意食品包装上的有效日期、生产日期以及保存环境。不随意购买、食用街头小贩出售的食物。不随便吃野菜、野果，不喝生水。

其次，为预防食物中毒，学生还应当了解哪些东西不可以食用。一般来说，不可以食用的东西包括以下几类：一是病死的牲畜肉，因为病死的牲畜肉会引起沙门氏菌食物中毒。二是刚刚喷洒过农药的瓜果蔬菜。有机磷农药中毒已经成为化学性食物中毒之首。食用刚喷洒过农药的瓜果蔬菜，很容易引起食物中毒。三是烹调方法不当的豆角。豆角本身含有有毒物质，如果未彻底加工熟透，毒素便无法被破坏，此时如果食用就会引起食物中毒。此外，未煮熟的豆浆也含有有毒物质。因此在煮豆浆时，当豆浆加热出现泡沫时，要继续加热，直至泡沫消失。此时，豆浆完全熟透，

方可饮用。四是不认识的鱼。有一类鱼体内含有河豚毒素。河豚毒素是一种神经毒素，人类误食含有河豚毒素的鱼时，死亡率高达 60%。因此，青少年千万不要吃不认识的鱼，以免中毒。五是不认识的蘑菇。目前在我国，已经发现 300 多种可食用的蘑菇，而地球上已发现的蘑菇种类有 3000 多种。可见，可食用蘑菇仅占到 10% 左右。因此，青少年千万不要吃不认识的蘑菇。

最后，作为发生学生食物中毒的主要场所，学校食堂的治理应当引起学校的重视，把好食堂管理关：食堂应当有卫生许可证，食堂从业人员应当有健康体检合格证及上岗证。要保持良好的食堂卫生环境，有科学、卫生、合理的后厨工艺流程。只有这样，才能保证学生就餐的安全，保障学生的身心健康。

「预防与应对」

如果出现食物中毒症状，学生一定要懂得如何自救。如果不能及时进行救治，毒性会扩散，严重者会危及人们的生命健康安全。

一是如果出现不明原因的呕吐、腹泻、发热等症状，很有可能是食物中毒引起时，学生应当及时到医院救治。对于食物中毒者而言，时间是最宝贵的。一般来说，化学性食物中毒和动植物毒素中毒，潜伏期短，发作快；而真菌食物中毒，潜伏期长，发作慢。

二是食物中毒后，在被送往医院救治之前，学生应当掌握一些自救手段，主要包括以下几种：

（1）催吐。可饮用温开水或者稀释的盐水，然后用手指或者筷子伸向喉咙深处，刺激舌根部进行催吐，减少毒素的吸收。同时要及时报告老师或者拨打 120 急救电话，前往医院就诊。

（2）导泻。即通过服用泻药将有毒物质排出体外。一般来说，番泻叶、大黄均可起到导泻的作用。

（3）解毒。如果是吃了变质的虾蟹等食物，可用 1000 毫升食醋加 200 毫升水，稀释后服下解毒。如果是误食变质的饮料，可以通过灌服鲜牛奶或者其他含有蛋白质的饮料来进行解毒。

（4）留取样本。发生食物中毒后，要及时保存食物样本，以便医院进行化验。如果没有保留食物样本，也可以通过保留食物中毒者的呕吐物和排泄物来进行检测。

「相关链接」

食品安全已经成为全民关注的问题。作为高中学生，应当了解我国有关食品安全的法律法规。2009 年 2 月 28 日，第十一届全国人大常委会第七次会议通过的《中华人民共和国食品安全法》更好地从法律层面对食品安全进行保障。根据该法的规定，高中学生应当知道无论购买的问题食品是否在事实上造成人身伤害，都可以要求生产者或者销售者承担已支付价款 10 倍的赔偿金。

第二节　抵制不良生活习惯　拒绝亚健康

"亚健康"并不是一个新鲜的名词。亚健康状态人群比例在上班族尤其是大城市白领中一直居高不下。这样看来，似乎亚健康是成年人的"专属品"。然而，事实上，高中学生已经挤入了这个"特殊群体"。不知道高中同学有没有注意过自己的身体状况，是否经常出现身心疲惫、注意力不集中、失眠等症状？如果有，说明亚健康状态已经在你身上潜伏。那么，究竟是谁动了高中生的健康？高中生又该如何捍卫自己的健康安全？这些问题值得深思。

去年临近高考的一天，某地一名高三学生在课堂上猝死。后经调查，该学生为了高考，每天早上5点起床，除了跑操、吃饭之外，就是上课、自习、考试，一天要学习十几个小时。眼下又临近高考，升学压力加上多日疲劳"备战"，最终支撑不住，倒在了自己的课桌上。这件事引发了人们的关注和深思，相对于"过劳死"，舆论界将其称为"过学死"。高中学生为迈入大学校园而苦苦奋斗付出的不只是时间和精力，还有健康甚至是年轻的生命。

「安全讲堂」

亚健康正在向高中学生尤其是高三学生袭来，严重影响着高中学生的身体发育、心理健康等多个方面。据有关数据统计，半数以上的高中生存在亚健康状态。因此，高中学生应当正视亚健康，并积极预防，才能冲出亚健康的"围城"，还自己一个健康的体魄。

一、亚健康的典型症状

"亚健康"是指人体界于健康与疾病之间的边缘状态，无器质性病变，但有功能性改变。因此也被称为"中间状态"、"灰色状态"。处于亚健康状态的学生，通常表现出精神不振、疲劳、情绪不稳定、烦躁、注意力难集中及有压抑感等。亚健康一般不会导致生命危险，但如果是在熬夜、生气等应激状态下，很容易出现猝死。

二、造成高中生亚健康的主要原因

据调查分析，导致学生亚健康状态的主要原因有身体和心理两方面：

（一）身体上的原因

过重的学业负担，造成学生身体器官超负荷使用，如近视率高，脊柱发育偏向畸形等，并有失眠、乏力、疲倦、胸闷气短、心悸等方面的不适。在饮食方面，营养过剩和营养失衡同时存在，导致出现肥胖和体质虚弱两种倾向。此外，部分学生有吸烟、饮酒等不良行为及生活不规律、缺乏运动等不良习惯。这些都会直接导致学生身体的亚健康状态。

（二）心理上的原因

学习因素：受升学压力的影响，学生会表现出学习上的焦虑，如学习缺乏主动性、积极性，把成绩不好完全归之于客观原因，出现情绪低落、记忆力下降等症状。

性格因素：主要表现在虚荣心、依赖心和嫉妒心上。有些学生对自己缺少自知之明，夸大自己的能力，并在与别人的比较中产生委屈、不公平等不良情绪；有的学生则过于自卑，有孤独感、失落感，觉得生活没有意义，甚至有自杀的念头和行为。

人际交往因素：一些学生对集体漠不关心，对他人的事情表现得极其冷淡；另一些学生则明显缺乏自信，与师生交往的过程中存在困难，从而变得孤僻自闭。

其他因素：学校忽视健康教育造成学生健康知识贫

乏；家境贫穷、父母离异等因素也很容易引起学生情绪波动。此外，青少年思想缺乏稳定性，想事情容易绝对化，叛逆心理强都是导致亚健康的原因。

「预防与应对」

高中学生应该积极采取有效措施预防亚健康的发生。如果已经出现亚健康状态，则需要采取措施进行缓解。

一是饮食要合理，保证营养均衡。维生素和矿物质是人体必需的营养素，要保证每日人体必需的摄入量。人体内细胞膜表面的蛋白主要是糖蛋白，免疫球蛋白也是蛋白，而维生素 A 则可以促进糖蛋白的合成。维生素 B、C 以及铁元素对于人体而言都是必不可少的元素。平日可以多吃一些蔬菜、水果来补充这些维生素以及钙、铁、锌、硒等微量元素。

二是注意心理健康。高中生要学会给自己减压，学会正确看待人和事。要正确认识自我，学会调解以及控制自己的情绪。在学习上要变被动为主动，掌握正确的学习方法，制订周详的学习计划，这样才能摆脱课业负担过重的负面因素，寻找到学习的乐趣。另外，还要多参加一些集体活动，增进人际交往。

三是注意身体健康。每个高中学生都应当培养科学、合理的作息规律，保证睡眠不低于 7 个小时。劳逸结合，每天都要保证一定的运动量，这样才能增强人体抵抗力和免疫力。

以上这些措施都有助于预防和缓解亚健康，但最重要的，还需要依靠学生本身从思想上增强对亚健康预防的认识，意识到亚健康对自身安全甚至是未来人生的影响。此外，学校要定期对学生进行健康安全教育，并开展心理辅导咨询，尽早帮助亚健康状态学生走出亚健康的阴影。而家长也要对学生给予更多的爱护，不要凡事都以学习成绩为标准，伤害学生的自尊心，加重学生的心理负担。

「相关链接」

　　身体健康的标准：

　　（1）体重基本稳定：一个月内体重增减不超过4kg，超过者为不正常。

　　（2）体温基本在37℃左右：每日的体温变化不超过1℃，超过1℃者为不正常。

　　（3）脉搏每分钟在75次左右：一般不少于60次，不多于100次，否则为不正常。

　　（4）大便基本定时：每日1～2次，若连续3天以上不大便或一天4次以上为不正常。

　　（5）每日进食量保持在1～1.5kg：连续一周每日进食超过正常进食量的3倍或少于正常进食量的1/3为不正常。

　　（6）一昼夜的尿量在1500ml左右：连续3天24小时内尿量多于2500ml，或一天内尿量少于500ml为不正常。

　　（7）每日能按时起居：睡眠6～8小时，若不足4小时或每日超过15小时为不正常。

第三节　掌握科学知识　预防艾滋病

　　自20世纪80年代初被人类发现，艾滋病已经成为全球范围内可怕的"瘟疫"，很多人谈"艾"色变，对艾滋病充满了恐惧。据有关数据统计，每15秒就有一名15～24岁的青年人感染上艾滋病病毒。艾滋病如同隐形的恶魔，在悄然威胁着青少年的健康。但是，很多青少年缺乏对艾滋病的了解，不懂得自我保护的技能，甚至仍有一些学生对艾滋病存在误解和偏见。因此，懂得预防艾滋病的基本知识和措施对于高中生而言是十分必要的。

据有关报道，每一天的每一分钟，都有1名15岁以下儿童死于与艾滋病相关的疾病。绝大多数15岁以下艾滋病感染儿童是通过母婴传播被传染上的。但是，这些孕妇中只有不到10%的人得到了母婴阻断服务。

「安全讲堂」

一、艾滋病的主要症状与发展过程

艾滋病是由艾滋病病毒引起的一种严重传染病。艾滋病全名为"获得性免疫缺陷综合征"（Acquired Immune Deficiency Syndrome），英文缩写AIDS。艾滋病毒分为HIV-1型和HIV-2型。

人类天生具有免疫功能，当细菌、病毒或者其他有害微生物等侵入人体时，在免疫功能的正常运作下，可以抵御细菌、病毒等的侵害，人类才不会天天生病。而艾滋病毒破坏的正是人体的免疫力，它攻击人体免疫系统的中枢——淋巴细胞，大量吞噬、破坏淋巴细胞，从而破坏人体免疫系统，使人体丧失抵抗各种疾病的能力。也就是说，艾滋病毒本身不会引发任何疾病，而是当免疫系统被艾滋病毒破坏后，人体由于失去抵抗能力而感染其他疾病导致各种复合感染，最终导致死亡。

艾滋病病毒进入人体后，通常要经过三个时期。首先经过"窗口期"，窗口期内，虽然从感染者的血液中检测不出抗体，但感染者体内已经有病毒存在，具有传染性，一般经过2～12周才能从血液中检测出艾滋病病毒抗体。之后进入"潜伏期"，由于艾滋病病毒对人体免疫系统的破坏是一个渐进的过程，艾滋病病毒感染者经过平均7～10年的时间，发展成为艾滋病病人。艾滋病病毒感染者在潜伏期期间外表和正常人一样，也没有任何症状，但能通过一定的传播途径将病毒传染给他人。最后进入"发病期"，当艾滋病病毒感染者免疫系统受到严重破坏、不能维持最低抗病能力时，就进入发病期，成为艾滋病患者，可能出现长期低热、体重下降、慢性腹泻、咳嗽、皮疹等症状，最终死亡。

二、艾滋病的传播途径

艾滋病病毒主要存在于人体的血液、精液、阴道分泌物和乳汁中，因此主要通过以下三种途径传播：

（1）性传播。艾滋病病毒携带者的精液或阴道分泌物 中有大量的
病毒，通过性行为可以在男女之间或男男之间
传播。如果和多人发生过性关系，感染艾
滋病的可能性会相应增加。

（2）血液传播。通过输血传播是
血液传播的主要途径之一。输入被艾
滋病病毒污染的血液或血液制品，接受
输血的人就很有可能被传染艾滋病。另
外，使用被艾滋病病毒污染的针具或者其
他医疗器械等都可能传播艾滋病病毒。吸毒者
通常共用注射器静脉注射毒品，这也就是吸毒者是艾滋病高发人群的原因
之一。

（3）母婴传播。感染艾滋病病毒的母亲很可能在怀孕、分娩、或者是
母乳喂养的过程中把病毒传染给她的孩子。如果不经过任何治疗，感染艾
滋病病毒的儿童通常在 3 岁之前就会发病死亡。

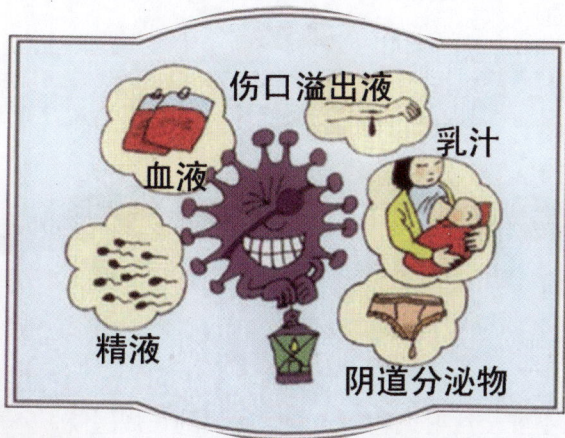

「预防与应对」

目前世界范围内还没有研制出治疗艾滋病的药物或者对抗艾滋病的疫
苗，因此，高中生应当主动学习预防艾滋病的知识，掌握自我保护技能，
培养健康的生活方式。

一、正确认识艾滋病，走出对艾滋病理解的误区

（1）一般的接触不会传染艾滋病。艾滋病在较为特殊的途径下才会传播，因此不要将艾滋病感染者视为"洪水猛兽"。并且艾滋病病毒是一种非常脆弱的病毒，离开人体后，在空气中停留几分钟就会死亡。因此，该病毒的传染性并不是很强。日常生活中，在与艾滋病病毒感染者或者艾滋病人一般的接触中，比如握手、拥抱、礼节性接吻，一起吃饭、外出、学习、玩耍，共用学习用具、卫生间、游泳池等过程中都不会感染艾滋病。另外，咳嗽或者打喷嚏也不会传染艾滋病，因为艾滋病毒不会通过飞沫传播。此外，由于唾液、泪液、汗液、尿液中病毒含量极低，不足以引发艾滋病病毒传播。

（2）蚊子叮咬不会传播艾滋病。这是因为艾滋病病毒只能在其体内生存很短的时间，不会繁殖。而蚊子在叮咬时，是将自己的唾液注入人体，这样可以防止血液自然凝固。蚊子的唾液中并没有艾滋病病毒，而且其喙器上仅沾有极少量的血，病毒的数量极少，不足以令下一个被叮咬者受到感染。

二、高中生应学会预防艾滋病的传播

（1）避免不安全注射或输血。就医时要到正规医院，不要到没有执业资格的私人诊所打针、输液等；进行治疗时，要求医院提供一次性医疗器具或者经严格消毒的医疗器械；必要时使用检测合格的血液和血液制品，以及血浆代用品或自身血液；献血时要到国家指定的正规血站献血，这样既可以保证用血安全，又不会对献血者的健康产生影响；帮助他人止血时，

避免直接用手接触血液和伤口，要用干净的纱布、纸巾等物品进行应急处理，然后再去医院就诊。

（2）不与他人共用个人卫生用品。艾滋病病毒感染者或者艾滋病人用过的剃刀、牙刷、毛巾等，可能有少量艾滋病人的血液等体液。如果和病人共用个人卫生用品，就可能被传染。

（3）拒绝毒品。吸毒会严重损害身心健康，是危害家庭和社会的行为。共用静脉注射器注射毒品，是传染艾滋病的主要途径之一。因此，高中生要洁身自好，远离毒品。为此要做到以下几点：第一，要慎重择友，远离有不良行为的人。面对毒品的诱惑，要坚决拒绝，绝不出于好奇尝试；第二，不要去未成年人不得入内的娱乐场所或其他公共场所，在这些场所会增加沾染毒品的机会；第三，要了解毒品的危害，学会自爱，重视自己的生命价值。

（4）对自己的行为负责。不要沾染社会不良风气，要远离毒品、色情等危险物。如果发生了遭遇艾滋病的危险行为，如与感染者发生性行为，或者遭到强暴，一定要到当地疾病预防控制中心进行咨询和检测，这样可以及时了解是否感染了艾滋病病毒，以便及时采取措施。

「相关链接」

艾滋病感染者是艾滋病病毒的受害者，因此，高中生要理解和关心他们，不要用偏见和世俗的眼光来看待他们，要多给他们一份爱的力量，鼓励他们勇敢地和病魔作斗争。

（1）艾滋病病毒感染者同正常人一样享有上学、工作等各种权利，他们的合法权益受法律保护，任何人不得因为他们感染了艾滋病病毒就随意剥夺他们的权利。

（2）歧视和漠视艾滋病病毒感染者会给他们原本已饱受病痛折磨的心灵带来伤害，他们会隐藏自己的病情，不愿意接受医疗救助。这样的话不利于预防病毒的传播，甚至可能引发社会的不安定因素。如一些艾滋病病毒感染者及艾滋病患者因受到他人的极度漠视而产生报复社会的心理，从而实施危害社会安全的行为。

（3）要尊重艾滋病病毒感染者及艾滋病患者的隐私。未经其本人同意，任何人不得随意公开他们的隐私。此外，也不得对他人的状况随意加以揣测，更不得编造谣言四处散播。

第四节　心理健康　事关重大

根据有关调查显示，我国城市居民心理健康水平在 16 ～ 30 岁之间会形成一个"谷底"。从 12 岁开始，心理健康指数逐年下降，高中阶段跌至最低，19 岁后开始较快上升。正处于人一生当中最美好年华的高中生，竟然是我国心理健康水平"谷底"的人群，这不能不引起家庭、学校和社会的高度关注。高中学生则应当关注自身的心理健康，面对困难和问题时要学会自我调适，合理疏导，以保证自己身心的健康发展。

「典型案例」

一名高二年级的学生由于参加省级数学竞赛发挥失常，没有取得预期的名次。成绩公布后，他一直郁郁寡欢，觉得老师和父母看自己的眼光都透着极度的失望，同学们都在嘲笑自己。最终该学生无法忍受巨大的心理折磨，跳楼自杀了，并且还留下了一封遗书。遗书中写道："我尽力了，但是还是让所有人失望了。我没有脸再活在这个世界上了。我对不起父母，对不起老师，对不起所有对我好的人。我走了，这样才能得到解脱……"一个优秀的学生转瞬间就这样离去了，引人深思。

一、心理健康的主要标准

心理健康是指人的心理活动过程内容完整、和谐一致，与外部环境适应良好的稳定的心理状态。认知功能正常、情绪积极稳定、自我评价恰当、人际交往和谐、环境适应良好是心理健康的五个维度标志。

一般来说，中学生心理健康的标准有以下几个：

（1）有正确的自我观念，能体验自我存在的价值。

（2）乐观向上，学习、生活积极。

（3）善于与他人交往，与同学、老师和亲友保持良好的人际关系。

（4）情绪稳定、乐观，能适度地表达和控制情绪。

（5）人格健全，有正确的人生观、价值观。

（6）能够经受得起挫折和失败。

（7）热爱生活、热爱集体，有现实的人生目标和社会责任感。

（8）有与年龄特征相符合的心理特点、行为方式。

（9）有较强的社会适应能力。

（10）有一定的自主性和独立性，但不是过强的逆反心理。

二、困扰高中学生心理问题的主要因素

（一）学习因素

升学压力过大导致学生学习负担重，学生整日埋头在题海和大大小小的考试当中，每日学习长达十几个小时。时间一长就会造成学生精神的萎靡不振，并导致失眠、神经衰弱、记忆力下降、反应迟缓等症状。很多学生出现考试恐惧症和厌学情绪。另外，由于学业繁重，集体活动少，学生之间缺少沟通，很多学习成绩一般的学生得不到老师和其他

同学的肯定和鼓励。于是，孤独、焦虑、嫉妒等不良心理就会慢慢滋生。

（二）自身因素

由于中学生处于发育期，此阶段学生的心理和生理都会出现较大的变化。青春期心理通常会表现出如下特征：

（1）闭锁心理。闭锁心理是青少年发育过程中一种阶段性的心理现象。当学生进入青春期后，由于自我意识的迅速发展，大都会出现闭锁的心理特征。表现为平时不愿意和他人交流，内心的矛盾埋在心里，把自己封闭起来，当矛盾得不到解决时，经常因焦虑而自卑，甚至自暴自弃。

（2）情感外露而又内隐。此阶段由于学生青春期的生理变化，学生的情绪反映较为两极化。一方面，一件很小的事情就可以让学生兴奋异常，情绪飞扬；另一方面，学生却不愿意暴露内心深处的想法以及自认为属于自己的秘密，如果与家长、老师倾吐后不被理解，就会出现压抑、焦虑与抑郁心理。

（3）恋爱心理。这是一个比较普遍的问题。中学时代，特别是高中生，随着生理的发展开始出现性意识，但由于学生心理比生理发育滞后，受认知能力和个性发展的限制，使得中学生的性心理的发展表现出相对的幼稚性，于是出现了朦胧状态的恋爱，也就是所谓的早恋。

（三）人际因素

（1）与父母的关系。随着高中生的自我意识和独立意识越来越强，学生和父母之间的关系出现了微妙的变化。主要表现为高中生经常与父母发生冲突，与父母关系越来越疏远。在感情上，中学生不愿意与父母交流，有什么想法宁愿和朋友倾诉或者写日记，也不愿意对父母倾诉，情感上出现"脱离"；在行为上，中学生的独立意识表现得尤为明显，有了自己的想法，喜欢独立判断、思考并解决问题，而不愿意接受现成的观念和已有的规范，讨厌家长无时无刻地指点和管教，于是行为上也出现"脱离"。另外，在单亲家庭或者夫妻关系不和的家庭中长大的学生，受到的心理伤害比来自正常家庭的学生受到的心理伤害更大。

（2）与同学的关系。同学、朋友是高中学生学习以及生活很重要的组成部分。高中生都希望能够被他人认同，有被接纳的归属感，寻求同学、朋友的理解与信任。如果同学关系不融洽，产生矛盾，部分学生就会产生强烈的孤独感。

（3）与老师的关系。现代中学生自我意识较强，很容易对老师的教育产生偏差性的理解。学生都希望得到教师的公正对待和理解，如果老师不能很好地处理师生之间的关系，缺乏耐心，对学生一味批评，这样容易使学生产生对抗心理、逆反心理等问题。

（四）挫折适应因素

高中生在成长过程中难免会遇到挫折，如考试成绩不理想，被老师批评，被同学误解等。面对挫折带来的困难与痛苦，很多学生会出现气馁、茫然的心理，于是以消极的态度对待挫折，渐渐地消极的挫折适应方式会形成习惯，成为严重的心理问题。

三、高中学生心理问题的外在行为特征

高中生的心理健康问题主要表现为心理承受力低，意志薄弱，缺乏自信，情绪不稳，学习困难，考试焦虑，注意力不集中，学习成绩不稳定，抗挫能力差，青春期闭锁心理，并在行为上出现打架、骂人、说谎、考试作弊、厌学等现象，严重的会自残甚至自杀。

四、高中学生心理健康存在问题的原因

第一，学生自身的原因。高中生生理和心理都处于发育过程，心理发育又滞后于生理发育，虽然学生的独立意识和自我意识越来越强，但是自我调节能力与适应能力相对较差，这样就容易导致心理问题的产生。

第二，社会的负面影响。社会上不良风气污染学生的世界是令人担忧的。学生从社会上所学到的一些消极颓废的东西与其所受的学校教育通常背道而驰，这不仅严重毒化学生的心灵，还会引发学生的困惑和思考，容易产生疑虑、困惑和无奈等心理障碍。

第三，学校教育的原因。部分学校和教师对学生的心理健康教育缺乏重视，甚至简单地以思想教育代替心理教育。一旦学生出现心理问题，也只是采用简单粗暴的方式来解决。事实上，无论高中生中出现哪种心理问题，都会直接影响到高中生学习能力的发展和人格的培养与形成。

第四，家庭原因。一方面，部分家长按照自身的价值取向塑造子女，严重忽视了学生的个性发展和心理特征，导致学生心理健康问题产生；另一方面，家庭教育的缺失或者家庭生活的不和谐也会加重孩子的心理负担。

「预防与应对」

世界卫生组织明确指出："健康不仅仅是没有躯体疾病、不体弱，而是一种躯体、心理和社会功能均臻良好的状态。"因此，学生必须要积极预防可能出现的心理问题。

一是提高自我调节能力和社会适应能力。要正确认识和评价自我，明确自己的优点和缺点各有什么。出现问题时，要调节自身情绪，不要一味地以消极的态度来面对。

二是强化心理素质，提高抗挫能力。每个学生都应当树立自信心，面对困难和挫折，要有战胜对方的勇气。

三是调整学习方法，提高学习效率。学习成绩较差以及学习成绩不稳定都极其容易导致学生学习上产生障碍和心理问题。因此，学生必须掌握正确的学习方法，制订合理的学习计划，心态平和，考试时不要焦虑紧张。

四是积极参加集体活动，增强人际关系。高中学生的生活涉及多重人际关系，而无论是师生关系还是同学关系，都直接影响到高中学生能否健康快乐地学习与生活。多参加集体活动可以增强同学之间的互动，改善同学之间的人际关系。

「相关链接」

心理健康问题会影响学生的身心健康发展，因此在这里教给大家一些调节情绪的办法：

一是宣泄法。当自己觉得郁闷和痛苦时，不要憋在心里不说，可以找朋友、同学谈心，使自己焦虑、郁闷的情绪得以宣泄而达到情绪稳定。

二是转移法。把注意力转移到其他活动上。如和同学外出玩耍、出去散散步、听听音乐、看看电影电视等。这样，可以把苦闷、烦恼等不快乐的情绪转移或替换。

三是忘却法。人难免会犯错，面对错误，除了要吸取教训，积极改正，还要忘却过去，不要使自己沉湎于自己过去的错误当中，一味地指责自己，走不出错误的阴影。

四是换位法。有时候当事情想不通时，可以适当转换一下视角，心理压力就会得到缓解。

五是让步法。俗话说"退一步海阔天空"，很多问题如果以宽容的心态来对待，那么问题就会很容易解决。当然，如果意识到自己心理问题较为严重时，应当向心理咨询机构寻求帮助以解除心理危机。

第五节　珍爱生命　远离毒品

"6·26"国际禁毒日的设立，表明毒品在全世界范围内受到抵制。然而，由于青少年自制能力差、无知、好奇等原因，毒品作为"隐形"杀手，不断吞噬着青少年的身心健康。据有关数据统计，在我国，吸毒者中的80%为青少年，这是一个令人触目惊心的数字。因此，让青少年了解毒品的危害，从而远离毒品成为学生安全教育的重要任务之一。

「典型案例」

某艺术学校一名17岁的女生，自幼酷爱舞蹈，以跳孔雀舞闻名。她第一次吸毒是因为胃疼，听人说吸毒可以止痛。自此之后，一发不可收拾。渐渐地，对她而言，吃饭、穿衣都成了额外的负担，更何况起早练功、晚上演出。直到有一天她在排练厅犯了毒瘾，人们才知道这个年轻又充满才气的女孩子被毒品所侵害，之后被送往戒毒所治疗。从此她的艺术青春被毒品彻底埋葬，命运也随之改变。

一、毒品的类型与特点

说到毒品，很多学生可能马上会联想到历史上著名的林则徐禁烟运动。但是，到底什么是毒品？毒品究竟有哪些危害？相信很多学生脑海里有的只是一个模糊的概念。事实上，毒品是指鸦片、海洛因、甲基苯丙胺（冰毒）、吗啡、大麻、可卡因以及国家规定管制的其他能够使人形成瘾癖的麻醉药品和精神药品。毒品种类繁多，初步统计，受国际公约、条约管制的毒品达 400 多种。

当前，毒品家族有了新的成员，即所谓的新型毒品，包括摇头丸、冰毒、K 粉等。据了解，新型毒品有三个特点：易合成、易传播、易隐蔽。新型毒品的吸食人数呈上升态势，青少年已成为新型毒品的受害人群。这是因为新型毒品在特定的娱乐环境下使用，口服或溶入饮料服用均可，而且片剂做工精美，形状新颖，颜色鲜亮，更容易被青少年接受，因而产生的危害性也更大。

二、吸食毒品的危害

毒品的危害是巨大的，一旦染上毒瘾，会给身心健康带来无法弥补的损害。具体来说，吸食毒品主要有以下危害：

（一）吸毒摧残身心健康

吸毒使人体神经系统产生高度的毒性和生理破坏。吸毒上瘾后，就会产生强烈的心理和精神依赖性。一旦停用，人体生理功能就会发生紊乱，出现不适症状，如恶心呕吐、腹痛腹泻、体内瘙痒等。心理依赖则表现在吸毒后会产生一种快感。很多吸毒者无法摆脱身体和心理的双重依赖，从而沦为毒品的奴隶，身心遭受着越来越严重的摧残，直至死亡。

（二）吸毒引发各种违法犯罪

毒品十分昂贵，纵使有万贯家财，也会被花费殆尽。如果学生染上毒瘾，巨大的毒资投入根本不是尚没有经济收入的学生所能承受的。因此，为了满足自己的需要，很多青少年不惜铤而走险，实施盗窃、抢劫、诈骗等严重刑事犯罪。而女生则往往通过卖淫来获取毒资。

（三）吸毒传染多种疾病

吸食毒品的主要方法之一是通过静脉注射，这成为艾滋病传播的主要途径。此外，吸毒者因使用不洁注射器而被感染乙肝或丙肝的几率非常高。总之，吸毒为疾病的传染打开绿灯，严重威胁着人们的身体健康。

「预防与应对」

青少年面对外界不良风气的引诱，尤其是毒品的诱惑时，一定要义正词严地拒绝、抵制。

一是要构筑思想防线，从根本上认清毒品的危害，坚定意志。无论别人以何种方式来劝诱自己，都要把握好自己。不要相信"吸毒可以减肥"，也不要相信新型毒品不上瘾等谬论。科学研究表明，长期吸食新型毒品不仅会成瘾，还可能致命。

二是建立良好的人际关系，远离有不良行为的青年。尤其不要去迪厅、酒吧等不适合中学生出入的场所。平日要多参加积极健康的文娱体育活动，让自己的　生活变得充实。

三是培养健康科学的作息方式。中学生要以学习为己任，讲卫生，坚持锻炼身体，注意饮食营养，不抽烟，不喝酒，积极参加各种集体活动。

「相关链接」

由于毒品危害巨大，很多国家通过法律对与毒品相关的行为进行惩治。在我国，《中华人民共和国刑法》规定了走私、贩卖、运输、制造毒品罪，对走私、贩卖、运输、制造毒品的行为进行严厉的打击，具体规定在《刑法》第347条至第357条。

第六节　异性交往　把握尺度

性骚扰和性侵害会给人的身体和精神带来双重打击，是严重危害社会安全、侵犯人身权利的行为。由于未成年学生身心尚未发育健全，认知能力和辨别能力均有限，一旦遭遇性骚扰和性侵害，受到的伤害比成年人更大。因此，学生必须提高防范意识，学会保护自己，机智、勇敢地同性骚扰和性侵害行为进行斗争。

「典型案例」

小高是一名高三年级的学生，人长得漂亮，学习又好，是公认的"班花"。前段时间，小高被选为班级的语文科代表，与语文老师的交往比较多。语文老师是一名四十多岁的男性，温文尔雅，很受同学们的喜欢。小高每次到办公室，老师都会经常夸她漂亮，有时候还拍拍小高的肩膀，摸摸小高的头发。小高起初不在意，但是渐渐地，老师找她单独去办公室的次数越来越多了，而且行为举止也越来越放肆。小高觉得问题很严重，严厉地拒绝了老师，告诉老师如果再这样就要报告学校。老师收敛了自己的行为，小高也因为自己的果断和勇敢避免了来自老师的性骚扰。

「安全讲堂」

未成年学生尤其是女学生遭受性骚扰的现象在全世界范围内都有发生。女学生在校园内遭受的性骚扰主要来自老师、熟人，此外，公共场所也容易成为性骚扰发生的地点。性骚扰对未成年学生的身心损害都很大，因此，学生一定要加强防范意识，勇敢地保护自己。

一、性骚扰的内涵与表现

性骚扰是指以带性暗示的语言或者动作引发被骚扰人的不安，通常是骚扰人通过碰触被骚扰人性别特征部位，妨碍受害者行为自由并引发受害者抗拒反应的行为。性骚扰表现为用带性色彩的语言进行挑逗，或者通过身体接触侵犯异性。它可以发生在各种场合，针对的对象一般是少女和女青年。

二、性骚扰的预防对策

第一，要自尊自爱，提高警惕，避免成为性骚扰的对象。"爱美之心人皆有之"，但女同学现在最重要的任务是努力学习文化知识，因此，应当体现积极健康的面貌，不要浓妆艳抹，不穿奇装异服，不穿暴露的衣服。行为举止要端庄，不要刻意展现自己的青春魅力，以免让心怀不轨的人产生邪念。另外，一定要保持足够的警惕，与行为举止异常的人保持距离，以避免自己陷入性骚扰的困境。

第二，要对性骚扰行为有明确的认识，清楚地区分正常的亲密行为与性骚扰的界限，不要在无形中让自己成为性骚扰的受害者。如果对方的言语带有挑逗性和明显的性色彩，动作也超出了正常的交往范围，那么很明显对方实施的是性骚扰行为。此时学生应当义正词严地拒绝对方，而不要出于羞涩不敢声张，这样只会助长性骚扰者的嚣张气焰，给自己带来更大的危险。

第三，不要有虚荣心和贪小便宜的心理。很多男性都是利用女生心理的弱点来下手。女同学不要轻易接受异性的邀请，不要随便接受他人的馈赠，不轻信他人恭维、吹捧的话，不对外表看起来英俊潇洒、出手阔绰的男性轻易产生好感和信任。不要去歌舞厅、酒吧，也不要单独去宾馆、旅店。女学生一般不要在深夜单独出门，也不要在同学家里过夜。

三、性侵害的主要形式

性侵害是指通过威胁、胁

45

迫等各种手段，违背女性的意志，强行与之发生性关系，因此给女性带来生理尤其是精神上的双重痛苦。未成年女性由于其心理发育尚未完全成熟，认知能力、辨别能力都有限，又缺乏社会经验，因此是最容易受到侵害的对象。

性侵害主要有以下几种形式：一是暴力型性侵害。是指犯罪分子使用暴力手段，如携带凶器威胁、劫持女同学，从而对女同学实施强奸等性侵害行为。二是胁迫型性侵害。是指利用权势、地位、职务之便，对受害人加以利诱或威胁，强迫受害人与其发生性行为。三是社交型性侵害。是指在自己的人际范围内发生的性侵害，加害人大多是认识的人甚至是关系比较亲密的人，如同学、朋友等。四是诱惑型性侵害。是指利用受害人追求享乐、贪图钱财的心理，诱惑受害人而使其受到性侵害。

四、性侵害的预防措施

为了有效防范不法分子的性侵害，女同学首先要从思想上筑牢防线，提高识别能力和应对危险的能力。平日与异性交往时要把握好尺度，不要在僻静的地方或者封闭的地方如房间内与异性接触；不要与行为举止不良的异性交往；不出入各种未成年人不得入内的场所；不要在夜深后外出；不要夜不归宿；不要轻易被异性的甜言蜜语等感动；不要随便对陌生人说出自己的真实信息；一旦发现异性对自己不怀好意，甚至有越轨行为，要严厉拒绝、大胆反抗，并及时向学校有关领导和保卫部门报告，以便获得帮助。

「预防与应对」

一、学会反击性骚扰

（1）明确态度，义正词严地拒绝。如果女同学遭遇到性骚扰，一定不要害怕，要勇敢地断然拒绝，从而制止对方的行为。

（2）如果是认识的人实施的性骚扰行为，要主动与其疏远关系，减少交往。

如果是因为师生关系等有必要继续来往的，要尽量避免私下交往，尽量让双方的交往在公开场合进行，增加交往的透明度和公开度。

（3）如果在特定场合下遇到性骚扰，要机智应对。如果是在公交车或者地铁上遭遇性骚扰，要立即采取行动，可以顺势狠踩对方的脚，迫使其停手。也可以用愤怒的目光直视对方的眼睛或者用自己的手或包遮住自己的敏感部位，然后推开对方并发出警告。实在不行，可以抓住对方的手，大声喊出来，向身边的人求救。如果在陌生的环境，有陌生男性主动搭讪，不要理会，如果对方问路，可以指路但不要随便带路。女同学要尽量避免单独外出，如果被人尾随，要快速走到人多的地方。

（4）遭遇性骚扰，要及时进行求助，及时向家长或者老师报告，依靠外界的力量来保护自己。同时也可以告诉其他同学，让大家作好预防。

二、学会反击性侵害

如果遭遇到不法分子的性侵害，首先要保持清醒的头脑，不要因为害怕而慌了心神。要勇敢、机智地与不法分子作斗争，尽量避免直面冲突，巧妙地进行周旋。可以假装顺从然后伺机逃走，并尽快报案。如果逃脱不掉，要迅速大声地呼救，既可以威慑不法分子，也可以让旁人来营救自己；需要与不法分子进行搏斗时，要掌握动作要领，快、准、狠地对对方的要害部位（如头部、眼睛、腹部、裆部）进行打击。头的前部和后部可用来顶撞，手指可以直插对方的眼睛，用肘部狠击对方的背部，用膝盖猛击对方的腹部和下身，用脚飞快踢对方膝盖和裆部，另外，可以抓咬对方的脸，设法在罪犯身上留下明显的痕迹，以备追查、辨认罪犯时做证据。此外，要利用身边一切可以使用的东西防身，如书包、发夹、胸针等，地上的砖块、沙石也是很好的防身武器。

「相关链接」

如果女生不幸遭遇强暴，此时不法分子的行为已经构成强奸罪，为了追究犯罪分子的刑事责任，维护自己的合法权益，女生应当做到以下几点：

首先要保留好证物，主要是指犯罪分子遗留的精液、毛发及其他遗留物。准确掌握线索和证据，有助于尽快破案，追究犯罪分子的刑事责任。

其次要尽快报案。遭遇强暴会给学生带来巨大的身心伤害和痛苦。但是，如果不报案，受害人的损失并不会因此而减小，并且会因为自身的忍让和懦弱而助长犯罪分子的嚣张气焰，带来更大危害。因此，无论是出于社会正义感还是出于对自身权利的维护，都应当尽快报案，尽早抓获犯罪分子，让犯罪分子得到应有的惩罚。

最后要积极协助公安机关侦查。在侦查过程中，公安机关办案人员要对受害人进行询问。此时，受害人应当如实、客观地进行陈述，不要刻意进行隐瞒，也不要出于各种顾虑而对所了解的案情避而不谈。要积极协助公安人员，并尽可能提供线索，争取早日破案。此外，未成年人有权要求公安机关对被害人的隐私进行保密。

第 三 章

预防和应对网络、信息安全事故

本章的重点内容如下：

（1）树立网络交流中的安全意识，养成良好的利用网络习惯，提高网络道德素养。

（2）树立不利用网络发送有害信息或进行反动、色情、迷信等宣传活动以及窃取国家、教育行政部门和学校保密信息的牢固意识。

第一节　努力克制　拒绝网络成瘾

根据调查显示，目前我国城市青少年网民中网瘾青少年约占 14.1%，人数约为 2404.2 万。在城市非网瘾青少年中，约有 12.7% 的青少年有网瘾倾向，人数约为 1858.5 万。18～23 岁的青少年网民中网瘾比例（15.6%）最高，其次为 24～29 岁的网瘾比例（14.6%）以及 13～17 岁的网瘾比例（14.3%）。可见，青少年尤其是高中学生很容易成为"网瘾一族"，因此如何应对网络成瘾是高中学生必须面对的问题。

「典型案例」

一名高二年级的学生自从迷上网络游戏后，整日逃课外出上网。后在学校多次教导无效的情况下，休学在家。在家里，该学生从不主动和父母说话，每天除了吃饭、睡觉就是上网。父母无论如何劝说，他都不听。为了要钱上网，甚至对父母大打出手。父母为了帮自己的儿子脱离网瘾想尽了办法，但是没起任何作用。

「安全讲堂」

网络成瘾是伴随着网络发展而产生的对青少年身心具有极强破坏力的"杀手"。它可以消磨人的意志，迷失人的心智，甚至使人行为失控。因此，学生应当对网络成瘾有清楚的认识。

一、网络成瘾的主要症状

网络成瘾也称网络成瘾综合征，英文简称为 IAD。它是指由于过度使用互联网而产生的上网失控行为，并对网络产生强烈的心理依赖。主要症状表现为：上网时间过长，上网过程中可以获得愉快和满足，逃避现实生活中的烦恼，发泄不良情绪。即使下线也依然想着上网时的情景。现实生活中很少参与社会活动，不愿意与他人交往，对现实生活缺乏热情。

二、网络成瘾的主要类型

网络成瘾主要有以下五种类型：

一是网络游戏成瘾，是指把玩网络游戏作为其上网的主要目的，沉迷于网络游戏不能自拔。

二是网络关系成瘾，在聊天或交友上花费的时间最长，属于"网络关系成瘾"。它又分为网络交友成瘾和网恋成瘾。网络交友成瘾是利用各种聊天软件及聊天室进行交流，并且通常所扮演的角色与生活中不一致；网恋成瘾则是在网上确立了恋爱关系，享受着所谓爱情带来的快乐，不可遏止地越陷越深。

三是网络色情成瘾，是指在网络中，青少年受到有关色情、淫秽文字、图像的侵害，导致部分青少年深陷其中不能自拔。

四是强迫信息收集成瘾，表现为经常强迫性地从网上收集一些无关紧要的信息。即便下线后也担心错过"重要"的信息，总想查看或下载到自己的电脑中。

五是网络技术成瘾，沉溺于电脑编程或游戏程序中不能自拔。

三、网络成瘾对学生的危害

网络成瘾如同毒瘾一般危害巨大，一旦上网成瘾，会给中学生的身心都造成极其严重的危害。

（一）网络成瘾会给学生的身体造成危害

电脑显示屏会产生辐射，沉迷于电脑会导致视力下降并诱发其他眼病。由于上网时人基本保持一个固定姿势，对腰、颈、肩、肘部、手腕都会产生压力，时间久了会导致各种疾病。另外，网瘾学生通常作息不规律，这会导致睡眠节奏紊乱、生物钟紊乱。同时还会引发诸如食欲不振、消化不良等症状。

（二）网络成瘾会给学生的心理造成危害

网络成瘾会使得学生产生各种心理问题乃至心理疾病。患有网瘾的学生通常注意力不集中，记忆力减退，网络成为生活的主宰，除了上网，对其他事物都漠不关心。并且由于长期的视觉形象思维，网瘾学生的逻辑思维能力会明显下降。在网络的虚拟世界里表现得狂热又积极，而在现实生活中却表现得疏远、冷漠，不愿意与人交往，甚至无法面对现实，情绪很容易低落、悲观、消极。

（三）网络成瘾会诱发不良行为和违法犯罪行为

一旦上网成瘾，直接后果是耽误学生的正常学习，不能集中注意力听课，不按时完成作业，成绩明显退步，甚至逃课、旷课。据有关调查显示，网络成瘾的学生比没有网瘾的学生更容易接受不良行为。一些学生为了有钱上网，从家里偷钱或者编各种借口向父母要钱，严重的甚至去偷盗或者抢劫。现实生活中就发生过多起网瘾少年为了上网而结伴偷盗、抢劫，最后锒铛入狱的案例。可见，上网成瘾会扭曲学生正常的道德观，使其对违法犯罪行为的界限认识不清，法律观念极其淡薄，很容易做出违法犯罪的行为。

「预防与应对」

为了防范网络成瘾对学生的危害，必须从多方面入手来预防学生上网成瘾：

第一，面对网络的诱惑，学生应当学会自我控制，增强心理素质。网络上新奇的事物的确有很大的诱惑力，但是学生最重要的任务是学习，因此要明确自己的目标，将上网作为自己学习、生活的辅助工具。上网要有计划性，明确上网的目的和上网的时间。日常生活中要搞好人际关系，多结交朋友，经常参加集体活动，在现实世界中找到归属感。另外，如果遇到问题和困惑，要积极和外界沟通，寻求来自父母、老师、朋友的帮助，而不是转向网络逃避现实。

第二，学生应当培养广泛的兴趣爱好，积极参加各种活动，丰富自己的业余生活。业余时间多参加体育、文化娱乐或交际活动，不仅会使生活变得充实，而且可以提高学生处理问题和解决问题的能力，这样可以降低学生在网络上寻求心理依赖的几率。

第三，创造一个良好的外部环境，良好的外部环境有利于学生性格的形成和发展。家庭、学校和社会要共同参与，建立有效的监控系统。要通过合理引导的方式，来指导学生如何正确上网。

杜绝沉迷网络

一旦网络成瘾，就会表现出一些明显的外在行为特征，因此，学生可以参照以下标准来判断自己是否网络成瘾：

一是将网络作为自己生活的中心，每天都上网长达 4～6 个小时。如果不上网，不知道自己该做什么。

二是对网络产生极强的依赖性。上网时和不上网时判若两人，上网时精神抖擞，下网后精神萎靡不振。

三是通过上网来排解情绪。如部分内向的学生在上网时变得胆大又活泼，不会害羞和自卑。

第二节　从我做起　维护网络安全

身处互联网时代，学生在感受互联网带来的便捷和乐趣的同时，也可能会遇到一些障碍。这其中不乏病毒的侵害、黑客的攻击或者隐私的泄露。这些障碍直接威胁或者破坏了网络安全，影响了学生的切身利益。因此，学生在上网的同时也应当学会如何防范来自网络的各种侵害，从而有效保护网络安全。

「典型案例」

小李是一名高中生，平日经常用 QQ 和同学、朋友联系。一日，一名好友提出向他借 200 元，他想都没想就给对方提供的账户里汇去 200 元。第二天，这名好友打电话告诉小李说自己的 QQ 被盗了，小李这才知道自己被骗。

你要借 200 元吗？

你千万别信，我 QQ 被盗了！

我没钱了，先借我 200 元吧！

尽管互联网是一个虚拟世界，但是也有其赖以存在的秩序和规则。其中网络安全是互联网运营的首要前提。如果网络安全遭到破坏，那么互联网必然会受到严重影响甚至瘫痪，人们也就享受不到互联网的乐趣了。因此，只有了解潜在的威胁互联网安全的事物，才能进行有效的安全防范。

一、计算机病毒的侵害

随着计算机及互联网的发展，病毒也越来越肆虐。尤其是互联网的诞生，使得病毒可以通过万维网不受地域和时空限制同时入侵多台电脑。自1995年病毒利用网络开始传播以来，很多人在享受互联网方便的同时，也陷入了对病毒的恐惧中。

（一）认识计算机病毒

根据《中华人民共和国计算机信息系统安全保护条例》的规定，计算机病毒（Computer Virus）是指"编制或者在计算机程序中插入的破坏计算机功能或者破坏数据，影响计算机使用并且能够自我复制的一组计算机指令或者程序代码"。通俗地讲，病毒是利用计算机软件或者硬件的缺陷而编制的破坏计算机功能的指令或者代码。

（二）计算机病毒的危害

1988年，美国康奈尔大学年仅23岁的莫里斯（Morris）将其编写的蠕虫程序输入计算机网络，致使拥有数万台计算机的网络被堵塞。这件事引发了巨大反响，震惊全世界，引起了人们对计算机病毒的恐慌，这就是著名的"莫里斯蠕虫"。此后，1999年的梅丽莎（Melissa）病毒让很多使用outlook的公司措手不及，被迫关闭邮件系统，全球损失大概在3亿～6亿美元。2000年的爱虫（I love you）病毒同样通过outlook电子邮件系统传播，导致全球损失大约100亿美元。2003年夏季爆发的冲击

波（Blaster）病毒则利用系统漏洞进行攻击，损失同样在 100 亿美金左右。2004 年的巨无霸病毒和 脑震荡病毒让很多人都记住了 2004 年的 1 月和 4 月。2006 年底的熊猫烧香病毒，进行终止大量反病毒软件和防火墙软件进程，删除扩展名为 gho 的文件，使用户无法通过 ghost 恢复系统等各种破坏性行为，造成上亿美元的损失。2007 年的网游大盗则是专门盗取网络网游玩家账户和密码的病毒，让很多网游玩家提心吊胆，损失上千万美元。可见，病毒会给计算机造成资源损失和破坏，不但会造成资源和财富的巨大浪费，而且有可能造成社会性的灾难。

二、黑客的攻击

黑客，英文名为 hacker，它是指那些专门利用电脑网络搞破坏或恶作剧的人。他们通常都有高超的电脑技术，善于编程，好奇心非常强，喜欢利用漏洞进入他人电脑内搞破坏。随着计算机的普及和因特网技术的迅速发展，黑客逐渐出现并迅速发展，越来越引起人们的重视。

现实生活中，很多黑客都是青少年，他们正处于对科技狂热的年龄阶段，而且是非观念比较差，他们利用自己的技术侵入他人电脑，搞恶作剧、窃取信息或者做其他破坏，给他人以及社会带来了巨大的损失。因此，黑客的攻击也是网络安全的一大主要威胁因素。

三、隐私的泄露

提到"人肉搜索"，想必有上网经历的学生对这个词都不会陌生。如果一个人身上发生一些引人注目的事情，那么很快就会有网民将此人的相关资料，如姓名、电话、地址、个

人经历、照片等公布在网上，任由其他网民评说，甚至招来谴责、谩骂和没完没了的骚扰。在网络世界里，个人隐私被严重侵害，似乎在我们生活的周围，已经没有什么秘密可以保守。这同样引发了人们的恐惧。

「预防与应对」

针对威胁和破坏网络安全的种种行为，学生作为互联网最年轻、最活跃的群体，必须知道如何反击，以保证自己的上网安全。

一、密码安全

密码在网络运用中会被频繁使用，如登录聊天软件、电子邮箱、其他各种网站的注册会员等，都需要用户名和密码。很多人为了方便好记，使用极其简单的字母或者数字比如自己的生日等作为密码，这无形中带来了安全隐患，容易被他人窃取，丢失自己的个人信息等资料。因此，学生在上网时，一定要设置复杂的密码，数字、大小写字母等混合使用，并且不要将密码告知他人，这样才能提高安全性。

二、QQ 安全

QQ 是学生进行交流沟通的主要手段，现在很多学生拥有不止一个 QQ。由于 QQ 上有自己的同学、好友等联系人，已经被视为"虚拟财产"，一旦丢失，会给学生带来较大的损失，甚至有可能被不法分子利用做违法犯罪的事情。因此，学生对 QQ 安全一定不可掉以轻心。要设置复杂的 QQ 密码，虽然 QQ 密码的破解工具很多，但是复杂的密码并不容易破解。同时，一定要申请密码保护，这样即使别人盗取了你的 QQ，也可以及时找回密码。此外，在非个人电脑上登录 QQ 最好使用软键盘，避免留下痕迹，让他人有可乘之机。

三、病毒防范

病毒的破坏性非常强大，因此要特别做好防范措施：

一是不要打开来历不明的邮件的附件。即使该附件的后缀名看起来很正常也不要打开，因为 windows 允许用户在文件命名时使用多个后缀，但是很多电子邮件附件只会显示第一个后缀名，例如收到的附件名为 xxx.jpg，而实际全名为 xxx.jpg.vbs，而一旦打开则意味着运行 VBScript 病毒。另外，也不要打开不良网站，如果打开不良网站，很可能会感染病毒。

二是插入可移动硬盘时，一定要进行病毒扫描。同时，要避免使用 windows 的自动播放功能，这样也可以防止一些病毒的入侵。

三是一定要安装防病毒软件和防火墙。特别是使用互联网的用户更要特别注意保护自己的电脑安全,预防个人隐私被泄露或者有电脑"入侵者"。

四是如果电脑系统出现漏洞,一定要及时给系统打上"补丁",以免病毒趁机侵入

四、木马防范

木马,也称为后门,是指利用计算机程序漏洞侵入后窃取文件的程序。它不同于病毒,属于恶意程序。木马具有隐藏性,可以自发进行恶意行为,一般不会对电脑产生危害,主要是对电脑进行控制。它的作用主要是用来偷偷监视他人,盗窃他人的密码、游戏账号、银行账户等,给网络安全带来了不安定因素。因此,要对木马进行防范。

首先,应当在电脑里安装木马查杀工具,防病毒软件和防火墙,并及时升级。

其次,不要轻易运行通过电子邮件、QQ 等传输来的文件,尤其不要运行后缀名为 .exe 的文件。另外,在下载应用软件时,要去知名网站,否则就有可能"中招"。

最后,一旦发现电脑出现可疑现象,要及时进行查杀,清除可能存在的木马。

「相关链接」

为了保护网络安全,维持正常的社会秩序,我国法律对以下两种行为进行了禁止:

一是黑客行为。根据我国《刑法》第 285 条的规定,违反国家规定,侵入国家事务、国防建设、尖端科学技术领域的计算机信息系统的,处 3 年以下有期徒刑或者拘役。违反国家规定,侵入前款规定以外的计算机信

息系统或者采用其他技术手段，获取该计算机信息系统中存储、处理或者传输的数据，或者对该计算机信息系统实施非法控制，情节严重的，处3年以下有期徒刑或者拘役，并处或者单处罚金；情节特别严重的，处3年以上7年以下有期徒刑，并处罚金。提供专门用于侵入、非法控制计算机信息系统的程序、工具，或者明知他人实施侵入、非法控制计算机信息系统的违法犯罪行为而为其提供程序、工具，情节严重的，依照前款的规定处罚。

二是"人肉搜索"行为。根据2010年7月1日施行的《侵权责任法》第36条的规定，网络用户、网络服务提供者利用网络侵害他人民事权益的，应当承担侵权责任。

因此，高中学生一定要自觉遵守网络道德，增强法律意识。不要因为好奇而去入侵他人电脑，也不要肆意在网上宣扬他人隐私，更不要泄露知悉的信息，否则是会被追究法律责任的。

第三节　知晓利弊　健康合理上网

互联网诞生至今，已经形成了强大的网络文化，成为人们生活中必不可少的工具。据统计，我国青少年网民现已达两亿，他们是网络应用中最活跃的一个群体，对今后网络文化的发展有着重要的影响。但是互联网的负面信息同时也在影响着青少年正常的身心健康，甚至造成极其严重的心理创伤。因此，青少年尤其是高中学生如何正确认识和使用网络，从而健康成长是一个很重要的话题。

「典型案例」

小张是高二年级的学生，他性格内向，平时不怎么爱说话。但学习成绩还不错。一次，同学带他到网吧玩了一次网络游戏后，小张便一发不可收拾，每天都要去网吧玩个痛快。上课的时候脑海里全是游戏的激动场面。为了支付不菲的上网费用，他甚至连早餐都不吃，把早餐钱用做上网费。就这样，期末考试他由全班

的前 10 名滑到了 50 多名。这时小张才意识到网络害了自己，决定痛改前非。

网络是一把双刃剑，人们在畅游网络世界汲取知识和信息的同时，难免会遇到诸如色情、网络诈骗、病毒等不良信息以及威胁网络安全的因素。因此，互联网在有助于高中学生学习知识、了解外面世界的同时，其中的不良信息也可能会侵蚀他们的身心健康。

一、网络受到学生的欢迎

网络作为传播的新媒介，以前所未有的全球性、开放性等特点带来了信息传播的革命。学生通过网络可以了解更多的知识和信息，感受到更多新奇的事物，拥有更多的交流渠道，极大地满足了学生的求知欲和好奇心。与此同时，网络有利于中学生现代化思维的形成，能够激发他们的创造力和潜能，很多青少年年龄不大，却已经是电脑高手，有利于推动互联网技术的进一步发展。

二、沉迷网络的危害

由于网络世界充满了诱惑，再加上中学生自我控制能力差，因此不少学生沉迷于网络不能自拔，给身心带来了巨大危害。

（一）危害学生身心健康

高中生正处于青春发育期，此阶段的主要任务是学习文化知识。良好的

学习、生活习惯直接影响到高中学生日后的前途和人生发展轨迹。如果高中学生一味沉迷于网络世界，就会消磨意志，侵占大量的学习和休息时间，不利于身心的健康发展。同时，长时间上网会给身体带来损害，如视力下降、神经衰弱等，影响身体发育。另外，网络传播信息的直观化减弱了学生的思维能力，现实生活中，很多学生做家庭作业都是"百度一下，你就知道"，不利于学生独立思考和独立解决问题能力的培养。

（二）影响人际交往

各种即时聊天软件的兴起，创造了更方便更快捷的信息交流渠道。中学生正处于渴望友谊的年龄阶段，网聊无疑给他们提供了结交朋友的条件。然而，毕竟网聊是一种虚拟形式，基本以文字为载体，并且通常在网聊中扮演的角色和现实生活有偏差。长期迷恋网上交友，会弱化中学生与现实世界交往的能力，严重的还可能患上各种心理疾病。

网络交友要谨慎！

（三）扭曲学生的人生观、价值观

中学生正处于人生观、价值观的形成和发展阶段，长期接受不良信息，会灌输给中学生很多不健康的思想道德观，扭曲他们的人生观和价值观。如网络世界里推崇的个人主义、拜金主义、享乐主义等都会影响中学生的思想道德观念。另外，网络色情、网络游戏所宣扬的色情、暴力等文化垃圾已经成为引发青少年犯罪的最主要原因。

（四）诱发学生心理危机

据有关数据统计，在我国城市中，2000多万的青少年网络成瘾。网络成瘾会严重影响学生的心理健康，并带来各种各样的心理问题，如抑郁、焦虑、孤独、封闭等。严重的还可能造成抑郁症、网络成瘾综合征等各种严重的心理疾病。

三、造成学生沉迷网络的原因

首先，从学生自身来看，学生的求知欲和好奇心都十分强烈，他们对未知充满了了解和探索的欲望。而上网完全可以满足他们的这种心理需求。但是由于学生自控能力差，辨别是非能力有限，很容易受到不良信息和各种网络游戏的影响，导致沉溺于其中不能自拔。

其次，从家庭和学校来看，高中生面临的升学压力非常大，学校忽视对学生的心理、思想道德的培养，导致学生在重压下容易转向网络以逃避现实。同时，高中学生希望多结交朋友，网络也为此提供了方便；另一方面，如果家庭关系不融洽，父母与孩子之间缺少沟通和信任，无法满足孩子的精神需求，那么，他们就会通过网络来寻求精神寄托。

再次，高中学生虽然生理发育趋于成熟，但是性心理尚未成熟，在我国性教育滞后的情况下，很多学生希望了解更多有关性的知识，以解除对性存在的神秘感。而网络色情则恰好迎合了学生的这种心理，导致部分学生受到淫秽信息的毒害。

最后，多年的实践表明青少年沉迷网络一直是非常棘手的问题。很多成年人为了保护青少年，将互联网当做洪水猛兽，采取了"堵"的办法。但是，这反而会带给青少年神秘感，同时也容易产生逆反心理，结果适得其反。

「预防与应对」

网络是一柄双刃剑，中学生应学会避免不良信息对自身的侵害，合理利用网络资源，做到健康上网，帮助自己更好地成长。

一是树立正确的网络观，增强法制意识和自我保护意识。中学生应当明确网络利弊，懂得网络可能会带来的危害，从心理上作好防御。同时，要加强网络道德教育，遵守相关法律规定，如不传播、不观看淫秽信息，不制作或传播计算机病毒等，强化自律精神，健康、文明上网。同时，中学生要加强自我保护，不要盲目相信来自网络的信息，要善于用自己的头脑去分析、判断。

二是合理分配时间，健康上网。面对网络的诱惑，学生要学会自我控制，把上网作为学习和娱乐的手段，而不能让网络主宰生活的全部。每天合理分配上网时间，同时，要处理好上网和学习、生活之间的关系，这样才能让网络更好地为自己服务。

三是多参加集体活动。现实生活中，很多学生的业余时间都花在了电脑面前，他们怠于和生活中的人打交道，甚至和自己的父母交流都很少。时间久了，很容易形成心理问题。因此，适当地参加一些课外活动和社会实践活动，可以防止学生上网成瘾，同时有利于增强学生的人际交往能力。

「相关链接」

为了保护自己的身体健康，学生在上网时应当注意以下一些事项：

第一，不要长时间上网，通常每上1小时，应当休息5～10分钟。可以适当活动颈部，或者眺望远处，观看绿色植物，放松眼睛，缓解疲劳。

第二，眼睛和屏幕应当保持50厘米以上的距离，最好采用下视20°的视角。要经常眨眼睛，可以湿润眼球，防止眼睛干燥。

第三，每天应当饮用一些绿茶，可以减少电脑辐射的危害。同时，多吃一些水果和蔬菜，可以防止眼睛干燥、视力下降。另外，平日应当多吃一些护眼食品，如鸡蛋、鱼肝油、南瓜、菠菜、菊花、萝卜、动物肝脏等，用以补充蛋白质和维生素A。

第四，不要在操作电脑的时候吃东西，防止病菌的侵害。注意皮肤的清洁，可以减少辐射对人体的伤害。保持正确的坐姿，注意室内环境，要注意通风，光线不宜太亮或者太暗。

为了保护自己的身心健康，学生应当遵守《全国青少年网络文明公约》的规定：

要善于网上学习　　不浏览不良信息。

要诚实友好交流　　不侮辱欺诈他人。

要增强自护意识　　不随意约会网友。

要维护网络安全　　不破坏网络秩序。

要有益身心健康　　不沉溺虚拟时空。

第 四 章

保护环境　预防和应对自然灾害

本章的重点内容如下：

（1）基本掌握在自然灾害中自救的各种技能，学习紧急救护他人的基本技能。

（2）了解有关环境保护的法律法规；能结合当地实际情况，为保护和改善自然环境作贡献。

第一节　预防和应对地震灾害

地震是一种极其常见的自然灾害现象。它会给人们的生命、财产带来很大的威胁和破坏。近几年来，我国各地发生了多起强震。2008年5月12日发生的汶川大地震，震级8.0级，造成6万多人死亡。仅仅一瞬间，多少人妻离子散。然而，在这场大灾难中，四川绵阳市安县桑枣中学的2300名师生在1分36秒内，全部从教室安全撤离到操场，无一人伤亡，创造了一个奇迹。据了解，该校之所以能够创造这样的奇迹是事先对建筑物进行了抗震加固及平时避震应急演练的结果。可见，学会避震对于学生而言是一个很重要的常识。

「典型案例」

地震灾害是常见的自然现象。近年来，我国发生多起强震。2010年4月14日早晨，青海省玉树县发生两次地震，最高震级7.1级，地震震中位于县城附近。这次地震造成2220人遇难，70人失踪。为表达全国各族人民对青海玉树地震遇难同胞的深切哀悼，2010年4月21日举行全国哀悼活动，全国和驻外使领馆下半旗志哀，停止公共娱乐活动。

「安全讲堂」

一、地震的相关地理知识

（一）认识地震

地球分为三层。中心是地核，中间是地幔，外层是地壳。地震发生在地壳中。地壳内部物质不停地运动，当力量积累到一定程度时，使地壳岩层变形、断裂、错动，于是便发生地震（earth quake）。地球内部发生地震的地方叫震源，地面距离震源最近的地方叫震中。

地震最直观的表现为地面振动。地震引起的地面振动是一种复杂的运动，它是纵波和横波共同作用的结果。纵波使地面上下颠动，横波使地面水平晃动。由于纵波传播速度较快，衰减也较快，而横波传播速度较慢，衰减也较慢，因此离震中较远的地方，往往感觉不到上下跳动，但能感到水平晃动。当某地发生一个较大的地震时，在一段时间内，往往会发生一系列的地震，其中最大的一个地震叫做主震，主震之前发生的地震叫前震，主震之后发生的地震叫余震。在我国，地震主要分布在台湾地区、西南地区、西北地区、华北地区、东南沿海地区的23条大小地震带上。

（二）地震的前兆

通常来说，地震是有前兆的，包括大面积范围内的动物、植物、气象的反常。动物如鸟、狗、老鼠、鱼等会表现出烦躁、惊恐不安的情绪，出现如"牛羊骡马不进圈，老鼠搬家往外逃。鸡飞上树猪外窜，鸭不下水狗乱叫"等各种异常现象。除了动物，地震前可能会出现地声，有声音从地下传出，声音越大，震级也越大。或者会出现地光。地光有红、黄、蓝、白、紫等颜色，地光一般一闪而过，很难观察到。此外，气候的反常变化，水位的异常等，都是地震的前兆。如果在地震前捕捉到这些反常的现象，也就可能对提前预警有所帮助。

二、学会预防可能发生的地震危害

虽然地震的发生具有突发性，但是如果妥善做好预防措施，可以在一定程度上避免损失的发生。

（1）要保证逃生通道的通畅，及时清理家中的杂物，尤其是床下、桌下、楼道内的杂物。同时要把有毒物品和易燃、易爆、易碎的物品放置到安全的地点，以免地震来临后，引发更大的损害。

（2）要准备应急工具包，里面应当包括水、食

消防安全通道要保持畅通

物、手电筒、药品、衣物等，并放在容易拿到的地方。这样如果地震发生，可以保证一段时间内食物、水的供给，增加生存的几率。

（3）要定期进行避震演练，学会如何躲避和逃生。如果是在家中，一定不要把重物放置于高处。同时在地震来临前切断电源、关闭煤气，防止地震后的次生灾害。

三、地震发生时应采取的紧急措施

地震一旦来临，一定要保持清醒、冷静的头脑，切不可慌乱，否则会因恐惧为无所适从，无法争取宝贵的时间逃生。

地震来临时，学生如果在学校，应当采取以下措施：

听从学校和老师的指挥，有秩序地按照指定路线疏散，如果来不及疏散，要及时躲避到课桌、讲台下或者带有管道的房间内，千万不可乱跑或者乱跳。如果是在教室外，可原地不动蹲下，双手保护头部，避开高大建筑物或危险物到操场等较为开阔的平地。

地震来临时，学生如果在家中，应当采取以下措施：

要抓紧时间避险。大地震从开始到振动过程结束，不过十几秒到几十秒，因此抓紧时间避震最为关键，千万不要耽误时间。如果感觉是水平晃动，说明震源比较远，躲在坚实的家具旁边就可以。 一般而言，家里安全的避震空间有承重墙墙根、墙角；有水管和暖气管道的地方。选好躲避处后应降低重心，蹲下或坐下，脸要朝下，额头枕在两臂上。或者抓住牢固的物体，以免身体随晃动被甩到别处受伤；用手护住头部或后颈；低头闭眼，以防异物伤害；有可能的话，可以用湿毛巾捂住口、鼻，以防灰土、毒气。

地震来临时，学生如果在公共场所，应当采取以下措施：

保持镇定，迅速躲在立柱或者墙角边。由于公共场所人员众多，很容易出现拥挤而带来恐慌情绪，因此，一定要稳住心神，尽快寻找躲避的地方。同时，要避开商品和橱窗众多的地方，以免被砸伤。

地震来临时，学生如果在马路上，应当采取以下措施：

用其他物品或者双手护住头部，迅速跑向开阔地，蹲下或者趴下。要避开高大的建筑物、电线杆、路灯、广告牌等危险物。

「预防与应对」

地震发生后，最重要的是要消除恐惧心理，尽量争取生存机会。同时，也要尽快开展互救活动，尽可能挽救他人生命。

一、地震后的自救

如果遭遇到大地震，震后很可能被埋入废墟。此时一定要沉着，坚定自己的求生意志，想办法保护自己，等待救援。

在等待救援时，摸清楚自己所处的环境，为了防止余震到来，想办法用砖块、木头等进行加固。同时要搞清楚自身状况，挪开自己身边的杂物，保证呼吸通畅。闻到煤气等有毒气体的味道时，要用湿毛巾捂住口鼻。检查自己是否受伤，如果受伤，要先简单地进行包扎。一时找不到脱险的办法时，要尽量保存体力，不要哭喊、急躁或者盲目行动，这样会消耗大量的氧气和体力。要平稳自己的情绪，闭目休息。如果有管道等物体，可以用石块敲击发出声响向外求救，非必要情况下不要大声呼喊。如果被埋在废墟下时间较长，就要想办法维持自己的生命，应急包里的水和食物要节约使用。

二、地震后的互救

地震后，抢救时间越及时，获救的希望就越大。因此，在救援队伍赶到之前，应当展开互救行动，将被埋压人员从废墟中救出。可以通过向废墟中喊话或者敲击等方式寻找被困者。在营救过程中，要注意使用的施救工具不要伤到被困者，要尽快使被困者呼吸到新鲜空气，如果一时难以救出，要向被困者提供水、食品和药品，以维持其生命。

施救时首先要让被困者的头部从废墟中露出来，清除掉口鼻内的灰土，保证呼吸通畅。然后再小心地清除掉其身上的埋压物体，将其抬出。如果被困者受伤，要根据境况进行紧急处理，然后送医院救治。

「相关链接」

根据我国地震烈度表的划分，地震烈度分为 12 度。

1 度，无感，仅仪器能记录到；

2 度，微有感，特别敏感的个别人在完全静止中有感；

3 度，少有感，室内少数人在静止中有感，悬挂物轻微摆动；

4 度，多有感，室内大多数人，室外少数人有感，悬挂物摆动，不稳器皿作响；

　　5度，惊醒，室外大多数人有感，家畜不宁，门窗作响，墙壁表面出现裂纹；

　　6度，惊慌，人站立不稳，家畜外逃，器皿翻落，简陋棚舍损坏，陡坎滑坡；

　　7度，房屋损坏，房屋轻微损坏，牌坊、烟囱损坏，地表出现裂缝及喷沙冒水；

　　8度，建筑物破坏，房屋多有损坏，少数破坏路基塌方，地下管道破裂；

　　9度，建筑物普遍破坏，房屋大多数破坏，少数倾倒，牌坊、烟囱等崩塌，铁轨弯曲；

　　10度，建筑物普遍被摧毁，房屋倾倒，道路毁坏，山石大量崩塌，水面大浪扑岸；

　　11度，毁灭，房屋大量倒塌，路基堤岸大段崩毁，地表产生很大变化；

　　12度，山川易景，一切建筑物普遍毁坏，地形剧烈变化动植物遭毁灭。

第二节　预防和应对洪涝灾害

　　洪涝灾害也是主要自然灾害之一，它具有很强的破坏力，可以造成堤坝决口、摧毁建筑物，甚至造成大量人员伤亡，对地区农业等经济发展也极为不利。在各种自然灾难中，洪水造成死亡的人口占全部因自然灾难死亡人口的75%，经济损失占到全部因灾损失的40%。由于我国江河湖海集中，是世界上洪水最多的国家，因此，如何应对洪水，避免洪灾带来的危害，是高中学生应当了解的常识。

「典型案例」

　　2010年3月初至5月初，我国南方遭遇暴雨袭击。3月初，江西地区遭遇大到暴雨袭击，部分水闸开闸泄洪，一些地方出现洪涝灾害；4月中旬，福建发生暴雨，闽江流域遭遇入汛以来的第一场洪水；4月中下旬，湖南、广西桂林遭遇高强度降雨；5月3日，重庆遭受大风、冰雹、暴雨灾害，死亡31人，失踪1人。5月20日至30日，湖南、江西、四川、云南、贵州普降大雨，7月中旬至8月初，长江、黄河、辽河三大流域普发洪水，导致多地受灾严重。

「安全讲堂」

一、认识洪水

洪水是指河流等所含的水位上涨，超过常规水位的水流现象。在我国，洪水大多发生在7～9月，主要发生在我国七大河流及其支流的中下游地区。洪水的发生原因有多种，其中包括雨洪水、山洪、融雪洪水等多种。

二、洪水的危害

由于洪水具有巨大的冲击力，它可以把人冲走，甚至冲走大树、汽车、房屋，带来严重的人员伤亡和经济损失。洪水带来的另一种危害是疾病传播。当洪水流经某个地区时，它会挟带各种化学制品、废品和病菌、病毒，导致灾区卫生状况极度恶化。

「预防与应对」

一、洪水到来前应当做好的准备措施

洪水到来前，一般都会有相应的预警。得知预警信息后，要保持冷静的头脑，尽快撤离到安全地带。在撤离的过程中，要了解清楚撤离目的地的路线，避免走错路。同时，做好物品的储存工作，要带足食物和饮用水以及救生用品。

二、洪水来临后的自救

洪水到来后，如果来不及转移，要就近迅速向山坡、高地等地转移，也可以立即爬上屋顶、楼房高层、大树、高墙等高处。千万不要试图在洪水中游泳逃生，因为洪水的冲击力很大，在洪水中游泳很容易被洪水冲走

带来生命危险。也不要攀爬电线杆等物体，可能会导致触电的危险。如洪水继续上涨，淹没了躲避的地方，就要迅速寻找一些木板、木盆、泡沫塑料等适合漂浮的材料在洪水中漂浮逃生。如果不幸落入洪水，要尽可能抓住固定的物体或者漂浮物，不要放手，等待救援或者逃生的机会。

如果被洪水围困，要设法尽快与当地政府防汛部门取得联系，报告自己的方位和险情，积极寻求救援。如果没有通信工具，要设法发出紧急求救信号，可以挥舞颜色鲜艳的衣服或者旗帜等，同时大声呼喊。另外，被洪水围困时，一定要保持镇定，不可乱了阵脚，在等待救援的过程中也要积极开展自我营救。

三、洪水过后应当知悉的注意事项

洪水过后，大量垃圾、动物尸体及人畜粪便会导致水源污染，并且由于天气闷热潮湿，食物容易腐败变质、细菌滋生较快，容易造成食物中毒或急性胃肠炎。因此，一定要养成良好的卫生习惯：一是千万不要喝生水，应喝煮沸的开水或符合卫生标准的瓶装水、桶装水。尽量吃熟食，不吃腐败变质或被污水浸泡过的食物。二是饭前、便后洗手。三是做好灭蝇、灭蟑螂工作。

此外，为了防止被蚊虫叮咬，还要注意以下事项：一是消灭居室内的蚊、螨、虱子、跳蚤等。二是傍晚外出时穿长袖衣服，防止蚊虫叮咬后传播疾病；三是如果出现发热头痛，用一般感冒药后不见好转或加重，要立即到医院就诊。

最后，要搞好环境卫生，一是要做好室内通风换气，保持空气清新。二是到医院进行相关疫苗的接种，防止各种流行性疾病的传染。三是要注意搞好水源、厨房和个人卫生。四是要及时清除垃圾。总之，灾后防疫很重要。

「相关链接」

洪水是一种很可怕的自然灾害，然而由于人类对自然的破坏，加剧了洪水的发生频率。尤其是人类肆意破坏植被的行为，使得土地缺少了植被的保护，降低了森林的蓄水能力，很多地下水变成地表水，流入河中导致河水暴涨形成洪水灾害。

因此，学生应当树立可持续发展意识，爱护自然，与自然和谐共处。不破坏地球表面的植被原貌。对自然资源进行利用时，千万不要"涸泽而渔"，否则最终灭亡的是人类自己。同时，学生要树立环境保护的意识，经常参加植树造林的活动，尽力改善地球的植被环境。

第三节　预防和应对泥石流灾害

泥石流是一种经常发生的地质灾害，它有着巨大无比的破坏力。2010年，由于受到强降雨等因素的影响，我国多地发生泥石流，造成人们生命、财产的损失。因此，了解有关泥石流的知识，懂得如何应对泥石流的危害对于每个学生来说都是非常重要的事情。

「典型案例」

2010年8月7日晚上10点左右，甘肃省甘南藏族自治州舟曲县突降强降雨，县城北面的罗家峪、三眼峪泥石流下泄，由北向南冲向县城，导致舟曲发生特大泥石流灾害。据统计，此次泥石流灾害中，遇难1434人，失踪331人，累计门诊人数2062人。

「安全讲堂」

一、泥石流及其发生时的表现

泥石流是介于流水和滑坡之间的一种地质作用。它是指在山区或者其他沟谷深壑、地形险峻的地区，因为暴雨暴雪或其他自然灾害，大量的水体浸透山坡或者沟床中的固体堆积物质，使得其稳定性降低，受自身重力作用发生运动，产生山体滑坡并携带有大量泥沙以及石块的特殊洪流。

泥石流具有突然暴发性，流速快，一般可以达到每秒10米，令人猝不及防，并且有着巨大的破坏力。浑浊的流体沿着山沟奔涌而下，地面会产生振动，山谷犹如雷鸣，很短的时间内大量的沙石泥块会淹没所经之处，并且经常伴随着山体崩塌，对农田和道路、桥梁及其他建筑物破坏性极大。

二、泥石流发生的原因

一是岩石的风化。在岩石风化过程中，氧气、二氧化碳以及来自空气中的酸性物质等都会造成岩石风化，从而造成土壤层的增厚和松动。

二是大量的强降雨。大量的降水渗透入山体，使得山体松动，也是造成泥石流的主要原因之一。2010年我国发生的多起泥石流均与强降雨有关。

三是人为原因。如不合理开挖、不合理地弃土、弃渣、采石以及乱砍滥伐等，都会成为泥石流发生的诱因。

「预防与应对」

尽管泥石流具有很强的突发性，往往让人猝不及防。但是，这不代表着人类只能眼睁睁坐以待毙。一般来说，泥石流发生前会有相应的预兆。另外，泥石流一旦发生，要立即采取相应的紧急措施，以保证自己的生命安全。

一、泥石流发生前的征兆与预防

对于泥石流灾害而言，准确判断泥石流的发生至关重要。如果看到河床或者沟床内正常的流水突然断流或流量突然增大，并夹有较多的柴草、树木，可以确认上游已经形成泥石流；如果深谷或沟内传来类似火车轰鸣声或闷雷声，哪怕极微弱也可认定泥石流正在形成。此外，沟谷深处变得昏暗并伴有轰鸣声或轻微的振动感，也说明沟谷上游已发生泥石流，此时要迅速撤离此地。

处于山区或者其他沟谷深壑，地形险峻的地区或者处于地质灾害危险区的居民，要注意收听当地天气预报，及时了解有关预警信息；如果居民所在住处房屋位于低洼地势，应具有随时转移到安全地点的意识和准备。

二、泥石流发生时学会自我避险

泥石流一旦发生，千万不能鲁莽行动，应当遵循泥石流的规律采取相应的应急措施：

一是在山谷或者沟底逗留或活动时，如果遭遇到强降雨，要迅速转移到安全的高地，不要在低洼的谷底或陡峻的山坡下躲避、停留，也不要在土质松软的斜坡上停留。

　　二是要留心周围环境，一旦看到河床或者沟床突然增多柴草、树木或者听到远处传来土石崩落、洪水咆哮等异常声响，要立即离开，因为那很可能是泥石流的前兆。

　　三是发现泥石流袭来时，要马上向沟岸两侧高处跑，千万不要顺沟方向往上游或下游跑。

　　四是不要上树躲避，因为泥石流有着巨大的摧毁力，它会摧毁掉途经的树木、建筑物等，因此躲避在树上非常危险。

　　五是泥石流停止后不要急于返回沟内住地，避免二次危险。

「相关链接」

　　人们对自然的过度开发和利用是导致泥石流灾害频发的主要原因之一。过度地开发、开采以及滥砍滥伐都会破坏原有的山体表面，使得山体失去保护、土体疏松，加重水土流失，进而山坡的稳定性被破坏，结果就很容易产生泥石流。因此，高中学生要树立环保意识，爱护大自然，积极参与自然保护活动，多参加植物活动，保护山体，避免水土流失，避免泥石流危害。

第四节　遵守环境保护法律法规

　　地球是我们的家园，人类的发展离不开自然。然而，随着人类社会的进步和经济的发展，我们赖以生存的自然环境遭受了很严重的破坏，近年来频繁发生的各种自然灾害就是大自然对人类的报复。为了防止环境继续恶化，作为高中生，应当懂得相关的环保法律，提高环保意识，以保护我们共同生活的家园。

2004 年 5 月至 6 月，电影《无极》剧组进入云南省香格里拉县碧沽天池进行外景拍摄时，在此搭建了三个临时工棚和一座取名"海棠精舍"的钢筋混凝土建筑物。为修建沙石道路、栈道及"海棠精舍"，剧组共毁坏并占用高山草甸及灌木林地 500 平方米。后环保总局责成云南省环保局根据《建设项目环境保护管理条例》第 25 条的规定，对剧组为拍摄活动修建的道路和建筑物造成生态破坏的行为进行处罚，限期由责任单位恢复拍摄地的生态植被，强化环境管理，并及时向社会通报情况。

「安全讲堂」

保护地球环境是全人类的责任，世界各国都在为此作出努力，主要表现之一是制定并参加环境保护的国际公约。我国更是在为环境保护作出不懈的努力，不仅积极参加国际公约，还制定了很多环境保护的国内法，用于规范管理环境并制裁不利于环境保护的行为。

一、保护环境的国际公约

保护环境是人类共同的责任，世界上很多国家和地区都认识到了这个问题，并行动起来保护全球环境。1972 年举行的斯德哥尔摩联合国人类环境会议，是各国政府第一次共同研究环境问题的历史盛会。此次会议将 6 月 5 日定为"世界环境日"，此后，世界各国走上了联合保护环境的道路。

最主要的环境保护公约有：

（1）《联合国气候变化框架公约》（*United Nations Framework Convention on Climate Change*），它是世界上第一个为全面控制二氧化碳等温室气体排放，以应对全球气候变暖给人类经济和社会带来不利影响的国际公约，也是国际社会在应对全球气候变化问题上进行国际合作的一个基本框架。

（2）《联合国气候变化框架公约的京都议定书》，即《京都议定书》，它于 2005 年 2 月 16 日正式生效。这是人类历史上首次以法规的形式限制温室气体排放。

（3）《蒙特利尔破坏臭氧层物质管制议定书》（*Montreal Protocol on Substances that Depletethe Ozone Layer*），即《蒙特利尔议定书》，它的宗旨是为

了控制破坏平流层臭氧的含氯和溴的化学物质的消费量和产量，如氯氟碳化物（CFCs）、甲基氯仿、四氯化碳及其他物质。

（4）《巴厘路线图》，它要求加强国际合作执行气候变化适应行动，包括气候变化影响和脆弱性评估，帮助发展中国家加强适应气候变化能力建设，为发展中国家提供技术和资金，灾害和风险分析、管理，以及减灾行动等。要求加强减缓温室气体排放和适应气候变化的技术研发和转让，包括消除技术转让的障碍、建立有效的技术研发和转让机制，加强技术推广应用的途径、合作研发新的技术等。要求为减排温室气体、适应气候变化及技术转让提供资金和融资。要求发达国家提供充足的、可预测的、可持续的新的和额外的资金资源，帮助发展中国家参与应对气候变化的行动。

我国参加的环境保护国际公约主要有：《联合国气候变化框架公约》、《保护臭氧层维也纳公约》、《关于消耗臭氧层物质蒙特利尔议定书》、《控制有害废物越境转移及其处置公约（巴塞尔公约）》、《防止倾倒废物和其他物质污染海洋公约（1972 年伦敦公约）》、《防止船舶污染国际公约》、《国际油污损害民事责任公约》等。

二、我国的环境保护法律法规

（一）制定国内环境保护法律法规的原因

由于人类对自然不合理的开发和利用，全球范围内出现了很严重的环境问题。我国也不例外。在我国境内出现的环境问题主要有：任意排放废弃物、大气污染、水质污染、噪声污染、食品污染、土地沙化、森林遭到破坏、野生动植物濒临灭绝等。环境问题直接威胁到生态平衡，危害着我们的健康，并制约着我国经济社会的可持续发展。因此，为了保护环境，保证我国经济社会的可持续发展，我国依法出台了多部环境保护法律法规。

（二）我国环境保护法律法规体系

我国目前已经建立了环境保护的法律法规体系，使我国的环境保护工作可以依法有序开展。第一，《中华人民共和国宪法》确立了环境保护的重要地位，这是我国环境保护法律法规最根本的基础。第二，《中华人民共和国环境保护法》以及《中华人民共和国侵权责任法》是我国环境保护领域的基本法律，同时也是制定专门性环境保护单行法的基本依据。第三，具体的环境保护专门法律主要有《中华人民共和国水污染防治法》、《中华人民共和国大气污染防治法》、《中华人民共和国矿产资源法》等。此外，还有大量的规范环境保护规章存在，如《环境保护行政处罚办法》、《排放污染物申报登记办法》、《环境标准管理办法》。

我国还有大量环境保护地方性法规及规章，是享有立法权的地方权力机关和地方政府机关依据《宪法》和相关法律，根据当地实际情况和特定环境问题制定的，在本地范围内实施，具有较强的可操作性。如《北京市实施〈中华人民共和国水污染防治法〉办法》等。

环境保护还需要相应的环境标准。环境标准是具有法律性质的技术标准，是国家为了维护环境质量、实施污染控制，而按照法定程序制定的各种技术规范的总称。我国的环境标准由五类三级组成。"五类"指五种类型的环境标准：环境质量标准、污染物排放标准、环境基础标准、环境监测方法标准及环境标准样品标准。"三级"指环境标准的三个级别：国家环境标准、国家环境保护总局标准及地方环境标准。国家级环境标准和国家环境保护总局级标准包括五类，由国务院环境保护行政主管部门即国家环境保护总局负责制定、审批、颁布和废止。地方级环境标准只包括两类：环境质量标准和污染物排放标准。凡颁布地方污染物排放标准的地区，执行地方污染物排放标准，地方标准未作出规定的，仍执行国家标准。

此外，我国还参加了大量的环境保护公约。如《关于持久性有机污染物的斯德哥尔摩公约》等。

通过法律手段保护环境主要体现在以下两个方面：一是通过法律手段来管理和保护环境；二是制裁违反环境法律法规的行为。

制裁违反环境法律法规行为的手段主要有三种：一是追究民事责任；二是追究行政责任；三是追究刑事责任。

（三）违反环境保护法律法规须承担的法律责任

1. 违反环境保护法律法规给他人造成损失需要承担的民事责任

根据我国《环境保护法》的规定，造成环境污染危害的，有责任排除危害，并对直接受到损害的单位或者个人赔偿损失。赔偿责任和赔偿金额的纠纷，可以根据当事人的请求，由环境保护行政主管部门或者其他依照本法律规定行使环境监督管理权的部门处理。因此，违反环境保护法律给他人造成损失需要承担民事责任。

2. 我国环境保护法规定的行政处罚的种类

根据我国《环境保护法》的规定，违反《环境保护法》，尚不足以刑事处罚的，要受到相应的行政处罚。行政处罚的种类主要有：警告、罚款、责令停止生产或者使用、责令重新安装使用、对有关责任人员由其所在单位或者政府主管机关给予行政处分、责令停业、关闭等。

3. 我国《刑法》规定的有关环境保护的罪名

我国《刑法》第六章第六节规定了破坏环境资源保护罪。常见的破坏环境资源保护罪主要有重大环境污染事故罪，非法捕捞水产品罪，非法猎捕、杀害珍贵濒危野生动物罪，非法收购、运输、出售珍贵濒危野生动物、珍贵、濒危野生动物制品罪，非法采矿罪，破坏性采矿罪等。从事上述不利于环境保护的犯罪行为，需要承担刑事责任。

「预防与应对」

依法保护环境是我国公民的一项基本义务。高中生要认识到环境保护的重要性和迫切性，树立环保意识，积极参与环保活动。

首先，高中生应当了解和学习有关环境保护的法律法规，树立环保法律意识，努力承担起保护环境的重任。

其次，高中生要积极参与保护环境的各项活动。具体到我们的日常生活中，高中生应当搞好家庭和学校的环境卫生工作。要爱护动植物，积极参加义务植树活动和保护野生动物、保护鸟类的宣传活动。另外，要坚决杜绝不环保行为，平日离开家或者学校时，要把所有电器的电源关闭；不使用高能耗电器；不使用一次性木筷、饭盒、超薄塑料袋。在处理垃圾时，要分类。废旧物资如纸张、酒瓶等可以重新利用，电池等有害物质要集中存放，不要随意丢弃。

最后，高中生要敢于同违反环境保护法律法规的行为作斗争。如果发现身边人的行为不利于环保，要积极劝诫；如果发现有违反法律法规行为性质严重的，如化工厂违规排放污水等行为，要及时举报。

全球青少年环境公约

一、我们必须做到

（1）不要到处乱丢垃圾，要把它们丢进果皮箱里，如果附近没有果皮箱，也不要乱扔，你可以在身边带一个小的垃圾袋，用它来盛放垃圾，再一起丢进果皮箱。

（2）如果你所在的地区或学校已进行了垃圾分类，你要积极参与，对垃圾进行分类。

（3）不要浪费，你应拒绝过度包装的商品，双面使用纸张，并且买你必需的东西，因为在你买不必要的商品时，不仅浪费了钱，还浪费了资源。最重要的是要从身边的小事做起，从不浪费一滴水、一粒米、一分钱做起。

（4）积极使用可再利用的用品。如你应把你读过的课本或内容健康的书籍送给贫困地区的孩子们；把自己还完好的衣服送给弟弟或妹妹穿。

（5）如果你发现身边有破坏环境的行为发生，你应提醒他并说服他不要再这样做。

（6）爱护野生动植物。不要吃野生的动物或植物制品，并提醒他人也不要这样做。

二、我们尽力做到

（1）尽量减少使用一次性用品。如你可以自带无毒害金属制造的餐具，来代替一次性餐具。

（2）你应让每滴水都变得有价值，也就是说，你应尽量多次地使用每一滴水。比如你可以用洗过手的水拖地板等。

（3）尽自己所能，综合使用旧商品，变废为宝。

（4）阻止别人做破坏环境的事情。

（5）减少私车使用，尽量乘公交车。

——引自《内罗毕宣言》

第 五 章

预防和应对影响学生安全的其他事件

本章的重点内容：

（1）自觉抵制校园暴力，维护自己和同学的生命安全。

（2）树立正确的安全道德观念，在关注自身安全的同时，去关注他人的安全，并提供力所能及的援助。

第一节　校园暴力的防范与应对

校园本是神圣文明的净土。然而，曾几何时，校园暴力愈演愈烈。学生之间互相斗殴，强势同学欺凌弱小同学，校外人员残害学生，甚至学生殴打老师的现象都有发生。据调查统计，以广州市某区 1064 名中学生为调查对象，校园暴力发生率为 40.7％，其中男生发生率为 49.7％，女生为 29.6％。吸烟、逃学、游荡、曾受家庭暴力、零用钱少是导致校园暴力发生的原因。校园暴力的频发同时带动了未成年人犯罪率的上升。事实上，无论是欺凌者还是受欺凌者，都是校园暴力的受害人。因此，如何让每一个学生远离校园暴力，有一个良好、安全的学习环境，值得每个学生去关注、思考。

「典型案例」

近年来，网络上出现了越来越多的校园暴力视频，视频内容主要是学生之间斗殴、欺凌。典型视频内容之一是某校高二年级的一名男生殴打另一名学生，手拿木棒直击对方的头部等要害部位，手段粗暴、下手之狠让众多网民瞠目结舌。还有一则视频则是反映女生结伙欺负低年级女生，不仅出手殴打，甚至还强行扒下对方的衣服以羞辱对方。这些视频不得不让人思考，中学生到底怎么了？

「安全讲堂」

一、认识校园暴力

校园暴力是指发生在学校或者学校周边地区，学生或者社会人员侵害其他人员（一般情况下为学生）人身、财产安全的攻击性行为。校园暴力的主要表现形式有辱骂、恐吓、殴打、勒索等。

校园暴力通常有以下两种突发形式：一是发生在学生与学生之间，主要是指学生打架、群殴等；二是发生在学生与社会人员之间，通常表现为社会不良青年侵害学生以勒索钱财。无论是哪种形式的校园暴力，都具有很大的危害性。

二、校园暴力发生的原因

校园暴力之所以频发，背后有着很深刻的原因：

从学生本身来分析，主要有以下几个原因：首先，现如今的高中学生，也就是"90后"，都比较自我，个性较强，凡事受不得委屈，遇事好计较。因此一旦与同学发生冲突，彼此不相让很容易发生争执，矛盾激化，就很可能演变成校园暴力。其次，很多学生没有树立正确的人生观和价值观。受社会不良风气的影响，一些学生荒废了学业，不思进取，以吃喝玩乐为人生目的。在此思想的影响下，很容易以其他比较弱小的学生为目标，敲诈勒索甚至抢劫。最后，学生的法制意识差也是非常重要的一个原因。高中生虽然已经是大学生的预备队，文化知识掌握较多，但对法律知识却知之甚少，导致文化知识和法律知识严重失衡。很多学生在实施暴力行为时，根本不知道自己的行为会承担怎样的后果。

另外，校园暴力背后还存在着其他原因：一是家庭原因。很多高中生都是独生子女，在家里备受溺爱，渐渐养成自私狭隘等不良性格。还有家庭教育缺乏、父母子女关系生疏冷淡、家长教育方式简单粗暴、单亲家庭等情形，在这些家庭中长大的孩子，性格发展同样不会健全，很可能畸形甚至形成人格障碍，为校园暴力埋下隐患。二是社会原因。不良社会风气的泛滥以及成人文化的侵蚀，身心尚未成熟的高中学生热衷于网络、暴力、游戏，而这往往成为校园暴力行为的诱因。

三、预防校园暴力的发生

校园暴力的主角是学生，因此，学生应当学会辨别和控制自己的行为，认识到自己的行为后果。这就要求学生首先应当树立正确的道德观，关心自身以及他人安全。其次要明辨是非，学习基本的法律知识，增强法制意

识。知道哪些行为是法律允许的，哪些行为是法律不允许的，与违法犯罪行为划清界限。再次，与他人发生矛盾时，尽量不要起争执，学会调节和控制自己的情绪，防止因冲动而做出后悔莫及的事情。最后，学生要学会保护自己，坚决抵制校园暴力。要学会与人交往，懂得如何与不同的人交际。与人交往时要远离有不良行为的学生以及社会青年。如果发现校园暴力，要及时向老师或者学校报告，千万不可漠然视之。

另外，预防校园暴力也离不开学校和社会的努力。学校应当开展思想道德和法制教育，注重对学生正确人生观、价值观的培养；经常开展集体活动，培养学生与人交往的能力和团结互助的精神；设立心理咨询室，让学生可以释放压力，帮助学生培养健康的心理。社会方面主要涉及相关职能部门加大力度，进行社会风气的净化。要强化治安管理，净化电视、网络等各种传媒环境，并动员全社会力量加强对学生的引导和保护，还给青少年一个干净的社会环境。

「预防与应对」

据统计，80%的校园暴力都集中在中学校园。如果中学生遭遇到校园暴力，一定要懂得如何保护自己，从而保证自己的人身安全。

一、面对校园暴力应该采取的措施

如果作为受害者遭遇校园暴力时，一定要冷静，不要害怕。尽可能迅速远离侵害，如果对方纠缠不休，要具备一定的策略和勇气，可以采取各种手段机智地和对方周旋，并看准时机报警。

如果作为旁观者看到校园暴力事件，千万不要觉得和自己无关而走开，也不要鲁莽地前去解围，要第一时间报警，让警察前来解决。

二、因校园暴力受伤后的注意事项

如果不可避免地被对方伤害造成伤害后果，一定要记住侵害人的体貌特征，立即向公安机关报案。对自己遭受的人身伤害，要保留医院的诊断证明等相关证据，如有必要，待伤情稳定后做伤残鉴定，作为向人民法院起诉要求侵害人进行赔偿的有力证据。如果构成轻伤以上的伤害，公安机关侦查后向检察院移送审查起诉的，司法机关会追究施害方的刑事责任，学生应当学会用法律武器来维护自己的合法权益。

「相关链接」

校园暴力最直接的后果就是伤害他人的身体，根据我国《刑法》第234条的规定，故意伤害他人身体达轻伤以上的，构成故意伤害罪，处3年以下有期徒刑、拘役或者管制。致人重伤的，处3年以上10年以下有期徒刑；致人死亡或者以特别残忍手段致人重伤造成严重残疾的，处10年以上有期徒刑、无期徒刑或者死刑。除此之外，受害人还可以要求侵害人承担民事赔偿责任，赔偿因身体伤害造成的损失。

第二节　常见安全事故的防范与应对

在我们生活的周围，无时无刻都充斥着各种各样的危险，稍有不慎就很有可能引发安全事故。据有关数据统计，目前我国每年大约有 1.6 万名中小学生死于意外，而造成意外事故的主要原因除了交通事故外，还有溺水、触电、火灾等。为此，学生应当对常发性的安全事故有一定的防范能力，这样才能更好地保证自己的人身以及生命安全。

「典型案例」

2 月 20 日下午放学后，松柏中心学校初中三年级学生冯安磊与同村（松柏镇马湾村）同学魏艳、张荣等 4 人一起回家，在翻过五峰山大路槽的路段时，因附近一根电线杆歪倒，使电线横在路中，走在最前面的魏艳同学不小心踩在电线上，被电击中，脚底冒着火花。

同伴见此情景，都惊慌失措，几个同学准备扑上去拉魏艳。"这样救人危险"，冯安磊想起平时学习过的触电急救知识，急忙把他们拦住。

说话间，只见冯安磊先用路边捡到的干木棒去拨电线，遗憾的是，木棒折断。情急之中，他只好折了一根树枝当绝缘体拨开电线，然后将口鼻流血、不省人事的魏艳抬离事故地点。随后，他又及时电话报告村委会，为挽救魏艳的生命赢得了宝贵的时间，魏艳最终获救。（摘自《楚天都市报》）

"人最宝贵的是生命，生命对于每个人只有一次。"每一名高中学生都如同初升的太阳，充满朝气和活力。但现实生活中各种安全隐患随时可能给学生带来健康和生命威胁。因此，为了避免安全事故发生给自己造成伤害，懂得如何进行安全防范很有必要。

一、防触电

触电是指接触电流后所遭受的伤害。当电流通过人体时，轻则有针刺、麻木、剧烈疼痛等感觉，重则发生痉挛、心律不齐、血压升高、呼吸困难等症状，甚至在很短时间内死亡。因此，安全用电很重要：

（1）在未切断电源前，不要用湿手触摸电器，不用湿布擦电器。不用手或其他导电物接触、探试电源插座内部。

（2）电器使用完毕后应拔掉电源插头；不要用力拉拽电器电线，防止电线绝缘层受损造成触电。

（3）如果发现电线绝缘皮剥落，要及时更换新线或者用绝缘胶布包好。

（4）不随意拆卸、安装电源线路、插座、插头等。安装、检修电器应切断电源，站在木凳、塑料凳等绝缘体上进行，最好由家长进行指导。

（5）严禁私拉乱接电线，不得在学生宿舍使用电炉、"热得快"等大功率电器，否则不仅容易引发触电事故，也很可能造成火灾。

宿舍内严禁使用违章电器

（6）雷雨时，关闭电视机、电脑等电器，并拔出电源插头，手机也应当关机。

（7）不在电缆、电线设施的下面或附近放风筝和进行球类活动。

（8）熟悉电源总开关的位置，在紧急情况下立即关闭总电源。

二、防溺水

溺水事故是威胁学生生命安全的一大杀手，掌握游泳安全常识可以有效地预防溺水事故的发生。

（一）不宜游泳或单独游泳的几种情形

为保证游泳时的安全，一是不要独自一人前去游泳，要结伴前去；二是不要在身体不舒服或者患病的时候去游泳，以免加重病情，发生意外；三是不要在恶劣天气如雷雨、大风时游泳；四是不要在标志禁止游泳的地方游泳，也不要到有暗流、水草的地方游泳，以免发生危险。

（二）游泳时抽筋的处理办法

游泳时可能由于下水前准备活动不充分或者水凉刺激肌肉突然收缩而导致手、脚、腿等部位抽筋。此时要保持镇静，千万不要慌张，可向他人呼救或进行自救。

如果是上臂抽筋，握紧拳头，并尽量曲肘，然后用力拉伸，反复几次会有缓解并逐渐恢复正常。如果是下肢或脚抽筋时，先吸一口气，仰卧水上，用抽筋肢体对侧的手握住抽筋脚趾，并用力向身体方向拉，另一只手压在抽筋一侧肢体的膝盖上，帮助关节伸直，连续多做几次即可恢复正常。或者也可以换成仰卧姿势，用手握住抽筋腿的脚趾，用力向上拉，使抽筋腿伸直，并用另一腿踩水，另一手划水，帮助身体上浮，连做数次也可恢复正常。

（三）游泳时被水草缠身的处理

如果在游泳时被水草缠身，可仰泳顺原路退回，也可以试着用脚把水草踢开，或者尝试像脱袜子那样把水草从手脚上捋下来。如果单凭自己的力量无法脱身，则应当及时呼救。

三、防家庭火灾

一般来说，家庭火灾发生的原因主要有用火不慎、电器设备不良以及煤气使用不当等。因此，学生在家庭中用火尤其在使用煤气时一定要当心。

（1）要经常检查电器、线路的质量和状态，用完电器后要随手拔掉电源。

（2）室内不要乱堆乱放杂物，尤其注意可燃物不要放在离火源较近的地方。

（3）使用煤气时，如果闻到有异味，千万不要开灯或者点火查看，否则会引起爆炸。正确的做法是立刻开窗通风，离开现场后再打电话通知家人或煤气站人员进行处理。

「预防与应对」

事故一旦发生，首要的是遏制事故的进一步扩大，尽量减少人员伤亡和财产损失。此时，正确恰当的救助措施可以有效挽救他人的生命。

一、救助触电者

抢救触电者的原则是一定要及时、争分夺秒。因为触电时间越长，死亡的危险越大。具体抢救过程如下：

发现有人触电要设法立即关闭电源，或者用干燥的木棍、竹竿等绝缘物体将触电者与带电体分开，切莫直接用手去拉触电者，避免施救者触电。

将伤者迅速转移到安全地点后，学生应立刻拨打120急救电话，同时尽全力抢救伤者。如果伤者症状较轻，可以让其就地平卧，解开衣扣，清除其口中黏液，保持呼吸道畅通；如果伤者呼吸停止，心搏存在，立即进行人工呼吸；如果伤者呼吸存在，心搏停止，应立即做胸外心脏按压；如果伤者呼吸心跳均停止，则人工呼吸及胸外心脏按压应当同

时进行。一般每呼1口气，做4～5下心脏按压。

需要注意的是，现场抢救中，不要随意移动伤员。人工呼吸和胸外心脏按压不得中途停止，一定要坚持到急救医务人员到达。

二、救助溺水者

如果发现他人溺水，不可贸然下水施救，可先投入救生圈、木板等，让落水者借助漂浮物上岸。将溺水者救起后，要立即解开其衣扣，并把其口内、咽喉和鼻内的脏东西及黏液取出，以保证呼吸道畅通。然后救助人员单腿跪地，另一腿蹲立，将溺水者腹部放在蹲着的腿上，用手按压溺水者的背部，迫使其吐水，并尽快将其送往医院。

三、家中起火应采取的措施

如果家中起火，应根据起火原因及火情，采取相应措施。

（1）炒菜时油锅起火，迅速盖严锅盖或将切好的菜投入，隔绝空气后火自然会熄灭，千万不可直接用水灭火。

（2）煤气管道漏气起火时，应迅速切断气源，关闭阀门，然后用灭火器或灭火粉扑灭。

（3）家用电器着火，应立即切断电源，拔下插头，然后用湿毛巾或湿棉被等盖灭。不可用水直接灭火，因为水能导电，容易造成触电。

（4）房内起火时，不要轻易打开门窗。因为空气对流会加剧火势，容易造成大面积火灾。

（5）如果火势大到无法控制，应立即拨打119火警电话，报告火灾精确地点。并大声呼救，让他人来帮助自己。

「相关链接」

安全事故重在防范。事故发生后能够妥善冷静处理并争取损失最小化固然是好事，但是事故的发生往往是人为因素引起的。因此，从思想上树立防范意识，尤其是在做事前多想一想行为后果，一定程度上会避免不必要的安全事故的发生。

第三节　掌握突发事件的急救常识

日常生活中，难免会有一些意外或者灾情出现。在危急时刻，妥当处理这些意外事故是为受害者争取宝贵时间和赢得生存机会的关键。学生在面对自身以及他人遭受的人身意外时，如果懂得正确的急救方法，就可以有效地实施自救以及救助他人，从而保证生命安全。

「典型案例」

某高中三年级学生吕某由于学习压力大，为了节省时间经常不吃早餐。一日正在上课，吕某忽然觉得恶心、出汗、全身无力，趴在课桌上很快就失去了知觉。老师发现吕某的异常后，立即将吕某送往医院。经过抢救，吕某苏醒过来。医生告诉吕某的家长和老师，这种现象是由于吕某长期不吃早餐导致营养不良，再加上学习压力大而出现的昏厥。吕某这才知道自己遭遇了"昏厥"。

「安全讲堂」

生活中发生的一些突发事件，有时并不是很严重，但是如果不懂急救知识，缺乏应急能力，则会让人手忙脚乱、不知所措，甚至贻误最佳施救时机。为此，高中学生掌握常见突发事件的急救知识意义重大。

一、烫伤后的急救常识

对学生而言，食堂、开水房、澡堂等地是很容易发生烫伤的场所。学生在这些区域活动时一定要小心谨慎，提高安全防范意识。如果发生烫伤事件，要采取以下措施：

（1）如果是一般的小面积轻度烫伤，立刻用冷水浸泡或用冷水冲洗15～30分钟，直至不痛为止，然后用纱布包扎好。如果烫伤部位起泡或者伤口已破，则采用冷敷再进行包扎。

（2）如果是大面积或重度烫伤，切不可擅自在伤口表面涂抹牙膏、外用药膏、红药水、紫药水等药剂，应保持伤口清洁完整，用干净的纱布覆盖住伤口，立即前往医院进行处理。

（3）如果是化学性烧伤，则视具体情况而定。对于学生来说，化学烧伤一般发生在实验过程中，如果只是轻微烧伤，可自行处理：

①如果是生石灰烧伤，则先擦拭干净生石灰粉末，然后用大量清水冲洗。

②如果是酸烧伤，及时用大量清水冲洗伤口 5～10 分钟，然后再用 1.5%碳酸氢钠液中和。

③如果是磷烧伤，要立刻用大量清水冲洗，然后用湿布包扎，以隔绝空气，防止磷微粒继续燃烧。

④如果不能确定化学物质成分，千万不要乱用化学溶剂进行中和，最好的办法是立刻用大量清水冲洗，然后前往医院处置。

二、昏厥后的急救常识

受疼痛、恐惧、闷热、脱水、长跑骤停及压力过大等原因的影响，有可能出现昏厥。昏厥的临床表现为恶心、出汗、面色苍白、全身无力，直至昏迷，短暂性失去意识。

如果感觉自己快要昏厥时，要立即躺下或坐下，症状可随后缓解或消失。此时不要立刻起身，否则容易使昏厥复发。

如果发现他人昏厥，则要扶病人到床上躺下，并抬高病人双腿，双腿位置尽可能高于心脏位置，解开病人衣扣、腰带和紧身衣物，保持病人呼吸道畅通。通常病人在 5 分钟内可以恢复神智，如果未苏醒，要立即将其送往医院。病人醒后要至少休息 10 分钟，不要立即起身，否则容易使昏厥复发。

三、中暑后的急救常识

中暑是人们夏日常见急症之一，学生对中暑现象并不陌生，同时应当知晓中暑的危害后果是极其严重的，短时间内甚至可以夺去人的生命。因此，一旦发生中暑现象，要立刻进行救治。

中暑是指由于受烈日曝晒或高温环境下重体力劳动导致体温调节功能紊乱。中暑症状通常为头晕、眼花、耳鸣、恶心、胸闷、心悸、无力、体温升高等，程度严重的会昏厥、昏迷、痉挛或高热。此时，需要让中暑者脱离高温环境，迅速转移至阴凉通风处休息，让其平卧，头部抬高，松解衣扣。如果中暑者神志苏醒，无恶心、呕吐症状，可饮用含盐的清凉饮料、绿豆汤等，用来降温、补充水分。

如果中暑者症状较重，可采用冷敷办法，用冷湿的毛巾覆在其头部，如有水袋或冰袋更好。同时用酒精或者冷水擦拭其身体，以降低体温。并且每隔 10 ～ 15 分钟测量 1 次体温。情况危急的，要立刻送往医院救治。

「预防与应对」

各种灾情发生后，在第一时间内进行自救以及救助他人对于拯救生命有着至关重要的作用。因此，针对不同的灾情特点，采取恰当的救助手段可以有效地减少损失，更好地挽救人们的生命。

一、发生火灾烧伤后的急救常识

抢救火灾中烧伤人员时，应立即脱去伤员衣服，如果衣服已经与皮肤粘在一起，应用剪刀将未粘连的部分剪掉，然后对烧伤创面使用纱布等卫生用品予以简单包扎，防止创面继续感染。可以给伤员口服止痛片，防止伤员休克，同时应给伤员口服淡茶水或淡盐水，要多次喂服，每次量要少。注意不要让伤员喝白开水或糖水，以免引起脑水肿等并发症。现场急救完毕后要尽快送医院抢救。搬运伤员时动作要轻柔、平稳，以免给伤员带来更大的痛苦和伤害。

二、煤气中毒后的急救常识

煤气中毒也就是一氧化碳中毒，是家庭取暖、洗浴时容易发生的安全事故。一氧化碳是一种无色、无味的气体，几乎不溶于水，进入人体后，与体内血红蛋白的亲和力比氧高 300 倍，使血红蛋白丧失携带氧的能力和作用。中毒表现为头痛、恶心、心慌、四肢无力等症状。严重者可抽搐，甚至死亡。

如果发现有人煤气中毒，救助者必须迅速按照下列步骤进行：

（1）迅速打开所有通风的门窗，如能发现煤气来源应迅速切断煤气来源，防止煤气继续外泄。

（2）迅速将中毒者转移到通风保暖处，使其平卧，

解开衣领及腰带等保证其呼吸通畅。

（3）拨打 120 急救电话呼叫救护车，随时准备送往有高压氧舱的医院抢救。

「相关链接」

心肺复苏法则应当按照以下步骤进行：

判断意识，看有无知觉。如果对方失去知觉，要立即喊人，打 120 急救电话。

然后要尽力去抢救，首先摆正体位，面部朝下不利抢救，转动人体要上下整体翻动，头、肩和躯体同时转动，使之仰卧。其次打开气道、仰头抬颈法：抢救者跪在病人头部的一侧，一手放在患者的颈后将颈部托起，另一手置于前额，并压住额头后仰。再次进行人工呼气，抢救者用手捏住病人的鼻孔，深吸一口气尽力张嘴，再套住病人的嘴并紧贴住，进行吹气。并判定有无脉搏，用摸颈动脉法，抢救者用手指摸病人喉结，顺左右滑至深沟，即可触动颈动脉。然后进行心外按压：抢救者用食指和中指，沿病人一侧的肋弓下缘上移至胸骨下切迹，将中指置于切迹处，食指与中指并拢平放于胸骨下端。然后将另一只手的手掌根紧靠于食指处。手掌根部的长轴应与胸骨的长轴平行，手指相关链接手心翘起完全不接触胸壁。最后右手掌置于左手掌之上，手指交叉。抢救者的双臂应绷直，双肩应在患者胸骨的正前上方，为省力上半身向前倾斜，利用上半身的体重和肩、臂部肌肉的力量，垂直向下按压胸骨，使下压深度达 4 ~ 5 厘米。按压频率应达到 60 ~ 80 次 / 分钟。